민주주의

Vita
Activa 개념사 29

 민주주의

이승원 지음

책세상

차례

2장 | 민주주의의 부활, 그리고 근대적 변신

3장 | 현대 민주주의

4장 | 한국, 민주주의 그리고 민주주의자들

민주주의란 무엇인가?

'인민을 위한, 인민에 의한, 인민의 통치.'

미국의 제16대 대통령 링컨이 남북전쟁 당시 게티즈버그 전투에서 전사한 장병들에게 바친 추모 연설의 한 구절로 알려져 있는 이 문구는 사실 14세기에 활동한 영국의 종교개혁 신학자 존 위클리프John Wycliffe가 영어판 성서의 서문에 남긴 "This Bible is for the Government of the People, by the People, and for the People(이 성경은 인민에 의한, 인민을 위한, 인민의 통치에 대한 것이다)"에서 유래했다. 비록 위클리프가 원조지만, 링컨이 인용하면서 이 문구는 민주주의를 설명하는 가장 대표적인 표현이 되었다.

이 명제는 민주주의의 삼위일체Trinitas와도 같다. 어느 하나라도 빠지거나 변질될 경우 나머지로는 결코 민주주의를 설명할 수 없기 때문이다. 만일 '인민에 의한', 그러나 '왕을 위한', '귀족의' 통치라고 한다면 아무리 인민에 의한 직접 통치라 하더라도 여기에서 인민은 왕을 중심으로 귀족의 명에 따라 의사를 결정하

민주주의란 인민 자신을 위해 인민 스스로 정부를 세워 직접 통치하는 것이다. 이것은 인민이 왕이나 귀족을 지배하는 것을 의미하지는 않는다. 민주주의에서의 통치는 위계질서에 따른 지배와 피지배 관계를 전제로 하지 않는다.

는 정치적 노예에 불과할 따름이다.

또한 제아무리 '인민을 위한' '인민의' 통치라고 해도 '인민에 의한' 통치가 아니라면, 설령 '철인왕哲人王, philosopher king'이 통치한다 해도 특권 세력이 권력을 독차지하는 '계몽 독재'나 '과두제'일 수밖에 없다. 플라톤과 아리스토텔레스가 민주주의자로 분류되지 못하는 것은 이 때문이다.

민주주의란 바로 인민 자신을 위해 인민 스스로 정부를 세워 직접 통치하는 것이다. 이것은 인민이 왕이나 귀족을 지배하는 것을 의미하지는 않는다. 민주주의에서의 통치는 위계질서에 따른 지배와 피지배 관계를 전제로 하지 않는다. 민주주의에서는 정치적 위계질서가 없다. 즉 토론과 합의 절차에 우선해서 정치 권력을 차지할 수 있는 어떤 특권 질서도 인정되지 않는다. 민주주의에서 통치는 지배가 아니라 운영이다. 이 운영은 명령이 아니라 공공의 이익을 위한 상호 협력에 바탕을 둔 자율적인 정치 활동이다.

문제는 항상 '인민' 혹은 민주주의의 정치적 주체로서의 '시민'이 누구인가를 정의하는 과정에서 발생한다. 공동체 내의 의사 결정 과정의 주체가 누구인가에 따라 민주주의라는 동일한 이름 아래 나타난 정치 양상이 천차만별로 달랐기 때문이다. 역사적으로 재산, 인종, 성별, 피부색, 국적, 범죄 경력 등에 따라 시민의 자격이 엄격히 제한됐고, 이 자격의 권위에 도전하는 세력들은 공

'시민'과 '인민'
'인민'은 영어의 'people'에 해당하는 말로 보통 서로
간에 위계가 존재하지 않는 일반 대중을 의미한다. 한
편 '시민'은 일정한 자격을 갖춘 특정 지역의 거주민
을 지시하며 대개 'citizen'에 대응한다.

동체의 이익과 법에 근거하여 민주주의의 이름으로 배제되었다.
간혹 도전하는 세력들이 법적으로 시민의 자격을 얻으면 그 공
동체는 급진적인 변화를 경험하게 되었다.

고대 아테네부터 지금까지 민주주의의 역사는 '인민' 혹은 '시
민'이 누구인가를 정의하는 투쟁의 역사였으며 그 정의를 '누가'
그리고 '어떻게' 정할 것인가에 대한 정치적·지적 투쟁의 역사였
다. 인민이 되려는 자들과 그들을 인민의 영역에서 내쫓으려는 자
들 사이의 피의 전쟁을 통해서 변해온 것이 바로 민주주의다.

중세 유럽에서 정치적 권위를 장악했던 비잔틴제국이 몰락하
고 르네상스가 시작되자, 휴머니즘과 개인의 자유가 다시 시대정
신으로 떠올랐고, 고대 로마의 공화주의가 서서히 부활하기 시
작했다. 16세기의 종교개혁과 17세기 30년 전쟁의 혼란기로 인
해 가톨릭의 권위가 무너지면서 '개인'이 등장했고, 신흥 상공업
세력들을 중심으로 근대국가라는 새로운 정치 공동체와 '시민'이
부상하게 되었다. 이후 영국에서 왕의 조세 명령에 거부하는 세
력들을 주축으로 청교도혁명과 명예혁명이 발발하면서 의회 중
심의 입헌군주제가 뿌리를 내리게 되었고, 이를 경험한 홉스와
로크의 자유주의적 사회계약론이 유럽 부르주아 민주주의 혁명
에 발판을 제공했다.

자유주의 사상을 기반으로 이루어진 18세기의 미국 독립과 프
랑스혁명은 근대 민주주의의 새로운 장을 열었으며, 이후 민주주

민주주의의 역사는 '인민' 혹은 '시민'이 누구인가를 정의하는 투쟁의 역사였으며 그 정의를 '누가' 그리고 '어떻게' 정할 것인가에 대한 정치적·지적 투쟁의 역사였다. 인민이 되려는 자들과 그들을 인민의 영역에서 내쫓으려는 자들 사이의 피의 전쟁을 통해서 변해온 것이 바로 민주주의다.

의는 보다 치열하게 '시민'이 누구인가를 둘러싼 장기 투쟁에 들어서게 되었다. 프랑스혁명의 영향은 나폴레옹과 함께 전 유럽으로 퍼져나갔다. 산업혁명과 함께 탄생한 영국의 노동자 계급은 자신들의 정치적 요구를 사회에 제시하기 시작했다.

유럽에서 17세기와 18세기가 신흥 부르주아 계급이 자유주의와 민주주의의 깃발 아래 '시민'이 되기 위해 투쟁한 혁명의 시대였다면, 19세기는 1848년 프랑스 2월혁명을 시작으로 노동자 계급이 사회주의와 민주주의의 깃발 아래 '시민', 나아가 새로운 정치적 주체가 되기 위해 싸운 혁명의 시대였다. 그러나 부르주아 민주주의 혁명이 성공한 것이라면, 인민(여기서는 프롤레타리아나 노동자 계급) 민주주의 혁명은 패배했거나 현재 진행 중이다.

1830년의 프랑스 7월 혁명을 표현한 들라크루아의 그림, 〈민중을 이끄는 자유의 여신〉

결국 20세기 이후 현대 민주주의는 성공적인 민주주의 혁명을
통해 통치 구조를 자유 민주주의라는 이름의 '정당', '선거', '헌법'
을 기반으로 세련되게 제도화한 부르주아 엘리트 세력과 19세기
이후 끊임없이 실패와 도전을 통해서 민주주의의 새로운 정치적
주체가 되려 한 노동자 계급, 그리고 이들과 연대하는 세력 사이
의 갈등 과정이라 할 수 있다.

　　민주주의를 이해할 때 늘 유념해야 할 점은 바로 민주주의에서
는 친구도 적도 없다는 것이다. 물론 18세기 이후 민주주의가 마
르크스주의에서 말하는 계급투쟁의 역사와 유사한 역사적 궤적
을 그려오긴 했지만, 민주주의가 정치적 기표로서 언제나 부르주
아 계급과 노동자 계급 사이를 가르기만 하는 것은 아니다. 오히
려 민주주의는 고대 아테네 민주주의와 로마 공화정에서 기원한
'공공선bonum commune'과 '시민 덕성', 그리고 근대 민주주의를 이끌
어낸 '자유주의'의 전통 속에서 현대 부르주아 민주주의 내에 끊
임없는 갈등과 반성의 기회를 제공하고 있다.

　　그런가 하면 민주주의는 '통치'와 '공동체 구성원의 자격'이 강
조되면서 파시즘, 나치즘 또는 국가 사회주의 같은 전체주의로
귀결되기도 했고, 급기야 20세기 중반부터는 민주주의에서 휴머
니즘적 전통이 삭제되고 '시장'과 '자본'이 들어서면서 신자유주
의 민주주의라는 최악의 변형이 전 세계를 휩쓸기까지 했다. 따
라서 민주주의 연구자들은 민주주의라는 말 자체의 함정에 빠져

민주주의는 때로는 괴물로, 때로는 성자로 끊임없이 변신하고, 수천 년간 유령처럼 세상을 떠돌면서 사람들에게 복종과 저항 중 하나를 선택하라 한다. 인류가 불의 발견과 함께 문명을 시작했다면, 민주주의의 발견은 그 문명의 해방을 의미한다.

서는 안 되며, 역사적 맥락에서 민주주의에 대한 옹호와 반대가 어떤 정치적 의미가 있는지를 정확히 파악하기 위해 긴장을 유지해야 한다. 이것이 민주주의를 다시 공공선과 자유에 기반을 둔 모든 평등한 정치적 시민들의 자율적인 통치로 복원시키면서, 민주주의가 전체주의나 반휴머니즘(시장과 자본 중심이라는 의미에서)과 같은 반생명적인 정치적 위기에 빠지는 것을 막는 방법인 것이다.

그 어떤 정치 이념보다도 오래 살아남았으며, 끈질긴 대립의 역사를 가졌고, 수많은 자들이 목숨을 걸고 외치는 가운데, 온갖 희망과 모욕으로 점철되어온, 그 과정에서 하나의 종교가 되어버린 '민주주의'를 어떻게 작은 책 한 권에서 필자 한 명의 노력으로 다 다룰 수 있을까? 민주주의는 때로는 괴물로, 때로는 성자로 끊임없이 변신하고, 수천 년간 유령처럼 세상을 떠돌면서 사람들에게 복종과 저항 중 하나를 선택하라 한다. 인류가 불의 발견과 함께 문명을 시작했다면, 민주주의의 발견은 그 문명의 해방을 의미한다. 민주주의를 둘러싼 숱한 의미와 역사를 살펴보면서 '우리'는 민주주의의 깃발을 들고 '무엇을' 위해 '어디로' 나아가야 하는지 작은 실마리를 찾아보도록 하자.

1장

아테네 민주주의
—사회적 '공공선'과 정치적 '시민'의 탄생

비종교적인, 그래서 보편적인 정치사상이 된 민주주의

홍익인간弘益人間과 보국안민輔國安民이라는 말을 들어봤을 것이다. '널리 인간을 이롭게 한다'는 뜻의 홍익인간은 우리 건국신화의 주인공인 단군왕검의 통치 이념이다. '나라를 바로잡고 백성을 편하게 한다'는 의미의 보국안민은 1894년 갑오 동학혁명의 핵심 정치사상 중 하나이다. 언어와 명칭만 다를 뿐 민주주의와 유사한 관념과 정신은 우리 역사에서도, 그리고 세계 여러 곳의 전통에서도 어렵지 않게 발견할 수 있다. 그럼에도 '민주주의'라는 개념에 주목하는 것은 그 개념이 조금 더 특별하기 때문이다. 그 특별함을 민주주의의 기원에서부터 찾아보도록 하자.

많은 연구자들이 고대 그리스 도시국가인 아테네에서 민주주의의 기원을 찾는 것은 단지 시기적으로 가장 앞선 경우이기 때문만은 아니다. 고대 그리스에서 민주주의가 시작된 기원전 500년경은 인도에서 석가모니가 불교를 설파하기 시작한 시기와 비슷하고, 또한 근동 지역에서 유대교가 모세의 율법을 중심으로 종교적 틀을 갖춘 것도 이 시기 즈음이라 할 수 있다. 유교의 창시자인 중국의 공자가 활동한 시기도 공교롭게도 기원전 500년경이다. 그런데 이 시기에 꽃을 피우기 시작한 다른 사상들이 종교 형태로 발전한 것과 달리 민주주의는 종교가 아닌 정치체를 중심으로 발전하기 시작했다. 물론 불교, 유교, 유대교와 크리스트교, 그리고 나중에 탄생한 이슬람교 또한 제정일치祭政一致의 정치체를 형성하고 지금까지 유지되어온 것은 사실이다. 그러나 이 종교적 정치체들은 정치보다 종교 공동체를 우선으로 한다는 점에서, 즉 특정한 종교적 신념에 대한 동의를 전제로 한다는 점에서 민주주의 정치체와는 다르다.

흥미롭게도 민주주의는 오늘날 어떤 종교와 비교해도 뒤지지 않을 만큼 수많은 추종자들의 지지를 받고 있고, 나아가 어느 종교든 민주주의로부터 제기되는 여러 복잡하고 어려운 질문을 피해 가지 못한 채 종교적 권위와 교리에 대한 도전을 받고 있다. 그렇다면 고대 그리스에서 시작된 민주주의는 왜 특정 지역이나 민족의 종교로 변형되지 않고 보편적인 정치체로 발전할 수 있었을까? 민주주의에 대한 이야기를 시작하기 전에 이런 질문을 던지는 것은 다음과 같은 이유 때문이다. 즉, 민주주의가 탄생 이후 특정 종교 혹은 민족의 고유한 사상으로 고착되지 않아서 오늘날 지역과 전통을 넘어 전 세계 모든 곳에서 받아들여지고 정치의 제1화두로 인정되고 있기 때문이다.

민주주의의 어원과 '시민'의 탄생

'민주주의'를 뜻하는 영어 'democracy'는 '인민'을 뜻하는 그리스어 δῆμος(dêmos)와 '통치'를 뜻하는 그리스어 κράτος(krátos)의 합성어 δημοκρατία (dēmokratía)에서 유래했다. 그래서 어원으로 볼 때 민주주의는 '인민을 위한' 통치나 '인민의' 통치보다 '인민에 의한' 통치에 더 가깝다. 이 점에서도 민주주 의는 인민 또는 시민이라는 정치적 주체의 탄생과 관련 있다.

고대에 발생한 여러 사상 중 민주주의만이 비종교적 정치사상으로 발전할 수 있었던 가장 큰 이유는 무엇보다 고대 민주주의가 '공공선'과 더불어 종교적 신을 대체하는 '시민'이라는 정치적 주체를 탄생시켰다는 데 있다. 위의 종교들도 분명 정의, 자비, 인仁과 같은 '공공선'을 강조한다. 약자에 대한 배려, 강자의 책임, 고통의 해소, 구원, 구제, 해방 등은 특정 계층이나 집단에만 해당되는 것이 아니라, 신의 명령에 순응하는 '모든 인간'에게 똑같이 주어지는 것이다. '공공선'의 측면에서만 보면 고대 민주주의가 추구한 가치나 목표는 여타 종교들의 그것과 큰 차이가 없다. 민주주의가 이들과 구분될 수 있는 것은 바로 민주주의가 강조하는 주체가 신민信民, homo credens이 아니라 시민市民이기 때문이다.

2

신민이 아닌 '시민',
정치적 의사 결정권을 가진 자들

신민과 시민의 가장 큰 차이는 정치적 의사 결정권의 소유 여부
이다. 신민은 정치적 의사 결정권을 가질 수 없다. 신민의 유일한
정치적 태도는 복종이다. 사제가 전달하는 신의 명령이나 교리에
복종하는가 여부에 따라 신민으로서의 자격이 주어진다. 얼마나
더 정확히, 그리고 철저히 복종할 수 있는가가 신민에게 부여된
유일하고 절대적인 정치적 임무이며, 이는 곧 윤리이자 일상 그
자체이기도 하다. 따라서 지혜로운 신민이란 스스로 현명한 판단
을 내리는 자가 아니라, 신의 명령이 무엇인지를 잘 깨닫는 자이
며, 종교가 사라지지 않는 한, 신민의 의무는 변하지 않는다. 아니
변해서는 안 된다.

중세 유럽에서 크리스트교가 천 년간 유지될 수 있었던 것은
가톨릭의 권위를 머리 위에 세운 로마제국의 지배 아래에서 사
람들이 가톨릭의 신민으로서 스스로 어떤 정치적 의사 결정도
하지 않고 오로지 제국과 교권에 대한 복종만을 삶의 전부로 생

각했기 때문이다. 두 번의 천 년을 이어갔던 중국 왕조에서 사람
들이 스스로 정치적 의사 결정을 하지 못하고 왕을 천자天子로 여
겼던 것도 군사부일체와 충효사상, 그리고 종묘사직의 예禮가 결
합된 유교 때문이라고 할 수 있다. 적어도 신민으로서의 그들이
생각한 유토피아나 천국 또는 함포고복含哺鼓腹에 대한 기대를 그
종교와 제정일치의 권력이 무너뜨리기 전까지는 그러했다.

고대 아테네 민주주의에서 시민은 정치적 의사 결정권을 가
진 정치 공동체의 구성원이었다. 당시 근동과 인도, 중국 등의 지
역에서 신의 자리를 사제나 왕이 독점하면서 백성들을 지배했
던 것과 달리, 아테네에서는 신을 대신해서 시민들 스스로 토론
과 협의 과정을 거쳐 사회의 중요한 정치적 의사를 결정하고 처
리해나갔다. 여기서 시민의 정치적 태도는 공공선의 실현을 위해
정치에 참여하고 적극적으로 의사를 결정하는 것이었다. 그래서
이들에게는 신앙이 아니라, '시민 덕성'이 중요했다.

따라서 고대 아테네 시민들에게는 절대적인 교리가 없었다. 합
의가 곧 교리를 만들어내는 과정이었고, 합의 결과가 교리였다.
누구든 시민이 될 자격이 주어지면 정치적 의사 결정 과정에 참
여할 수 있었고 그 과정에서는 어떠한 내용도 합의될 수 있었다.
종교적 교리와 달리 이러한 정치적 합의는 절대적이지 않았다.
새로운 시민이 등장하고 새로운 합의가 만들어지면 언제든지 정
치적 계약이 바뀔 수 있었다. 이것이 민주주의가 특정 종교가 아

펠로폰네소스 전쟁

기원전 431년부터 404년까지 아테네의 델로스 동맹과 스파르타의 펠로폰네소스 동맹 사이에 일어난 전쟁이다. 이 전쟁에서 아테네가 항복함으로써 이후 고대 그리스의 정세가 전복되었다.

아테네식 교육

군사 훈련에 가까운 스파르타의 교육 방식과 흔히 비교되며, 고대 그리스에서 스파르타와 크레타를 제외한 지역에서 보편적으로 나타났다. 개인의 발전을 중시하며 개성과 도덕성과 수사학을 양성하는 자유로운 교육이었다고 전해진다.

닌 보편적인 '정치'사상으로 발전할 수 있었던 가장 핵심적인 이유라고 할 수 있다. '시민'의 탄생과 '시민의 정치적 의사 결정 과정 참여'는 민주주의를 다른 어떤 정치체와도 구별 짓는다.

아테네 민주주의의 꽃을 피운 정치가 페리클레스는 스파르타와의 펠로폰네소스 전쟁 당시 전몰자와 희생자 추모 연설에서, 국가의 공공 업무에 아무런 관심도 없고 민회에 참여하여 시민의 권리와 의무를 다하지 않으면서 오로지 자기 일에만 몰두하는 사람을 가리켜 '아무것도 하지 않는 사람'이라고 언명했다. 여기서 아무것도 하지 않는 사람은 그리스어로 ἰδιώτης(idiotēs)이다. 이것이 바로 영어에서 아무것도 모르는 바보나 백치를 뜻하는 idiot의 어원이다. 그만큼 아테네 민주주의에서 시민의 정치적 참여는 삶이자 생활이었다.

페리클레스

당시 아테네 시민들은 개인적인 일뿐만 아니라 아테네의 공공 업무에도 늘 관심을 기울이고 정보와 의견을 나누었기 때문에 정치에 대한 이해가 높았다. 추첨을 통해 공직자로 뽑힌 일반 시민이 맡은 바를 잘 수행할 수 있었던 배경에는 아테네식 교육으로 시민 덕성을 높여온 사회적 상황이 있었다. 페리클레스는 바로 이런 점이 아테네 민주주의의 특징이라고 말했다. 수많은 사람들이 정보와 교육의 기회로부터 차단된 오늘날, 시사하는 바가 큰 이야기다.

3

공공선, 민주적 공동체의 존재 이유

아테네 민주주의가 그리스만의 토착 사상이 아니라 '보편적인' 정치사상으로 발전할 수 있었던 이유 중 하나는 '공공선'을 제1의 가치로 여겼다는 데 있다. 즉 아테네 민주주의에서는 시민들이 정치적 의사 결정 과정을 통해 어떤 정치적 합의에 이르려고 할 때, 그 합의의 원칙이 다수의 힘이나 재력, 혹은 개인의 정치

고대 그리스 시민들이
토론하던 아테네의 아
고라 광장 유적

아테네 민주주의에서는 시민들이 정치적 의사 결정 과정을 통해 어떤 정치적 합의에 이르려고 할 때, 그 합의의 원칙이 다수의 힘이나 재력, 혹은 개인의 정치적 영향력이 아니라, 어떤 주장이 더 '공공선'에 가까운가에 대한 설득력과 이해에 있었다.

적 영향력이 아니라, 어떤 주장이 더 '공공선'에 가까운가에 대한 설득력과 이해에 있었다. 이것은 종교에서 강제하는 선善이나 진리와는 다르다. 참여자들이 토론을 통해 정의定義로 나아간다. 비록 솔론, 클레이스테네스, 페리클레스의 민주적 개혁에 대해 당시 플라톤, 아리스토텔레스 등이 혹독하게 비판하긴 했지만, 그들의 비판은 '공공선'의 정의와 실현 방안에 대한 시각 차이에서 비롯된 것이었다.

'공공선의 실현을 위해 자유롭고 평등한 시민들이 시민 덕성을 발휘하고 행사하는 자율적인 정치적 의사 결정', 이것이 바로 아테네 민주주의를 설명하는 가장 압축적인 표현이라 할 수 있다. 물론 '공공선'과 '시민'을 어떻게 정의하는가에 따라 그 의미는 달라질 수 있지만, 이 표현 안에는 고대 그리스에서 탄생한 민주주의가 특정 종교나 민족적 이념이 아니라 보편적 정치사상으로 진화할 수 있게 된 핵심이 들어 있다. 나아가, 바로 '공공선'과 '시민'에 대한 정의의 애매모호함이 고대부터 지금까지 민주주의를 가장 정치적이며 역동적인 개념이자 사상으로 만들어왔다고 할 수 있다.

솔론의 개혁,
공공선과 시민권을 잉태하다

솔론

솔론의 개혁은 사실상 아테네 민주주의의 서막을 열었다고 평가 받는다. 제도적으로 민주주의의 공공선과 시민권의 씨앗을 뿌렸기 때문이다. 기원전 594년에 아테네는 지리적 이점을 살려 내륙과 해상 무역에서 성공을 거두었고 그에 따른 경제성장과 도시 발전으로 황금시대를 누리고 있었다. 그러나 이러한 성공은 한편으로는 아테네에 어두운 그늘을 드리웠다. 지주와 무역상들은 점차 부를 축적한 반면, 경작할 땅이 없는 빈민이나 소작농들은 점차 노예 신분으로 떨어지면서 경제적 양극화와 함께 부자와 빈자 사이의 갈등의 골이 깊어갔던 것이다. 특히 당시 악명 높았던 드라콘의 법은 빈자들의 불만을 더욱 키웠다. 반면, 무역과 도시의 발전이 인구 팽창으로 이어지면서 경제력이 급상승한 무역상들과 일부 소농들은 도시국가 아테네의 군사 방위에 대한 책임을 더 많이 떠안는 동시에 정치 참여를 요구하는 목소리를 높여 갔다.

    당시 아테네의 집정관이자 조정관이었던 솔론은 두 가지 중요
한 사회경제적 문제를 해결하기 위해 일대 개혁을 단행했다. 폭
발 직전이었던 부자와 빈자 사이의 사회경제적 갈등을 해소하기
위한 솔론의 첫 번째 개혁은 '부채 탕감'과 '채무 노예의 해방과
금지'였다. 그가 전면에 내세운 것은 부자와 빈자 사이의 균형과
공평성으로, '공공선'의 제시였다고 할 수 있다.

    부채 문제에 관한 솔론의 개혁 정책은 일종의 계층 간 화해 정
책이었다. 하지만 그의 개혁은 토지개혁으로 나아가지 못하고 즉
흥적 부채 탕감에 그쳐 빈자들의 기대에 미치지 못했을 뿐만 아니
라, 부자들 또한 부채 탕감에 따른 자신들의 손해 때문에 솔론에
게 불만을 품기 시작했다. 결국 솔론은 아테네를 떠나고 말았다.

    만일 솔론이 여기서 개혁을 중단했다면 아테네 민주주의의 역
사에서 그리 중요하게 기록되지 않았을 것이다. 솔론은 부자와
빈자 사이의 권력 균형을 이루고 수가 늘어나면서 정치 참여를
요구하는 일부 소농들을 만족시키기 위해 토지 재산 수준에 따
라 시민을 4계급으로 분류하고 각각의 정치 참여 수준을 정했다.
4계급은 ① 5백석 계급Πεντακοσιομέδιμνοι, ② 기사 계급Iππείς, ③ 농
민 계급ζευγίτες, ④ 노동자 계급Θήτες이었다. 5백석 계급은 집정관
과 같은 최고위직을 점했고, 최하위 계급인 노동자들의 경우 공
직을 맡을 수는 없었으나 민회와 재판에 참여할 권리를 얻게 되
었으며, 아테네의 모든 남자 시민들은 민회에 범죄를 고소·고발

솔론의 개혁을 통해 아테네에서는 귀족과 부자들만의 것이었던 특권적 정치 공간이 다른 모든 시민들에게도 열리게 되었다. 이것은 어떤 종교적 정치체와도 다른 점으로, 민주주의에서 가장 중요한 '정치적 시민'의 잉태라 말할 수 있다.

할 수 있게 되었다. 이와 함께 각 씨족의 대표로 구성된 '400인 평의회βουλή'도 만들었다. 솔론이 만든 400인 평의회는 당시 아테네 귀족정치의 중심 기구였던 아레오파고스Ἄρειος Πάγος(아레스의 언덕) 위원회를 견제하는 것이 주목적이었다.

물론 이것이 아테네 민주주의의 시작을 의미하진 않는다. 하지만 적어도 솔론의 개혁을 통해 아테네에서는 귀족과 부자들만의 것이었던 특권적 정치 공간이 다른 모든 시민들에게도 열리게 되었다. 이것은 어떤 종교적 정치체와도 다른 점으로, 민주주의에서 가장 중요한 '정치적 시민'의 잉태라 말할 수 있다.

그러나 공공선과 시민권의 정신을 잉태시킨 솔론의 개혁이 실패로 끝나면서 아테네에서는 한동안 페이시스트라토스로 대표되는 참주 정치가 진행되었다. 솔론의 부족한 토지개혁에 불만을 품었던 농촌의 빈자들과 부채 탕감에 반감을 가졌던 신흥 부유층들을 중심으로 시작된 정치가 바로 참주 정치였다. 페이시스트라토스는 이들의 지지를 등에 업고 참주가 된 뒤 도로와 신전 등을 짓는 대규모 건설공사를 통해 노동자들의 일자리를 창출하고 빈자들에 대한 경제적 지원을 꾀했다. 민주주의의 개혁이 실패하면 보수 정치가 부상하는 경로의 원형이라 할 수 있다.

클레이스테네스와 페리클레스,
민주주의의 제도적 원형을 만들다

참주 정치는 결국 권력 독점의 야욕을 둘러싼 투쟁과 함께 막을 내리게 되는데, 여기서 등장한 인물이 바로 아테네 민주주의의 기틀을 마련한 '클레이스테네스의 개혁'으로 알려진 클레이스테네스이다. 그는 기원전 508년에 페이시스트라토스의 아들 히피아스를 아테네에서 추방한 후 아테네의 실권을 장악하고 집정관이 되면서 민주적 개혁을 추진했다. 클레이스테네스 개혁의 핵심은 정치적 특권 세력을 약화시키고 모든 시민에게 평등한 정치적 권리를 부여하는 것이었다. 이를 위해 그는 '모든 시민의 법 앞의 평등'을 뜻하는 '이소노미아^{ισονομία}'를 강조했다(평등을 뜻하는 'ἴσος(isos)'와 법이나 관습을 뜻하는 'νόμος(nomos)'의 합성어).

클레이스테네스

그는 우선 과거 솔론이 만들었던 씨족 중심의 400인 평의회를 행정단위에 기반을 둔, 거주민 중심의 500인 평의회로 개편했다. 이때부터 씨족이 아닌 촌락공동체 '데모스^{δῆμος}'가 중요한 행정단위가 되었고, 모든 데모스의 만 30세 이상 성인 남성 중에서

도편추방제
사람들로 하여금 견제해야 할 사람의 이름을 도자기
조각에 적어 제출하게 해 가장 이름이 많이 적힌 사람
을 나라 밖으로 추방하던 제도이다. 시민 투표를 통
해 참주가 되려는 야심가를 가려내 추방한다는 취지
였다.

500인이 선출되어 '평의회'를 구성했으며, 평의회는 만 20세 이
상의 모든 성인 남성이 참여하는 최고 의결 기구인 '민회'(에클레
시아Ἐκκλησιά)에서 의결할 의안을 논하고 민회의 소집을 준비했
다. 민회는 만장일치를 추구하면서도 때에 따라서는 다수결로 각
종 의사를 결정했다. 클레이스테네스는 '오스트라키스모스'Ὀστρακ
ισμός'라고도 불리는 '도편추방제陶片追放制'를 실시하여 참주의 출
현을 방지하려 하기도 했다. 이와 함께 그는 추첨으로 선출된 공
직자에게 공무 수당을 주어서 빈자들도 시민으로서 공직을 원만
히 수행할 수 있도록 했다. 소수 특권자들에만 정치 참여를 허용
하지 않고, 제도적으로 끊임없이 시민의 정치 참여의 기회를 넓
히려 했던 것이다.

또한 그는 '디카스테리아Δικαστήρια'라 불리는 '시민 법정'을 설
치하여 어떤 시민이라도 공직에 오르기 전에 그 법정에서 자격
심사를 받도록 했고, 공직 업무 및 회계에 대한 감사도 시행했다.
이렇게 해서 클레이스테네스는 아테네의 정치 공간을 혈연이나
신분과 상관없이 시민 중심으로 개혁하고, 시민의 범위를 확대했
으며, 시민의 정치 참여를 보장하는 민주적 제도를 마련하는 한
편 오늘날의 삼권분립의 원형 또한 만들어냈다.

클레이스테네스의 개혁 이후 아테네 민주주의는 꾸준히 성장
했다. 기원전 462년 페리클레스가 아테네의 권력을 장악한 후,
귀족정치의 잔재를 치우고, 평의회와 시민 법정, 그리고 민회의

아테네 민주주의에서는 독재자나 특권 세력을 배제했고, 계층 간의 갈등, 경제적 불공평, 일부 세력의 이해만 대변하는 참주와 같은 독재, 전후 복구 같은 중요한 정치사회적 문제들을 다양한 구성원들이 직접 해결했다. 그리고 그 과정에서 '공공선'과 '시민권'의 중요성이 강조되었다.

권위를 강하게 세우면서, 아테네 민주주의는 황금기를 누리기 시작했다. 이를 토대로 페리클레스는 공공선의 실현을 위한 의사 결정 과정에 모든 시민이 평등하게 참여할 것을 강조했고, 이로써 민주주의를 정치를 넘어 아테네 시민들의 윤리이자 생활양식으로 확장시켰다.

아테네 민주주의에서는 독재자나 특권 세력을 배제했고, 계층 간의 갈등, 경제적 불공평, 일부 세력의 이해만 대변하는 참주와 같은 독재, 전후 복구 같은 중요한 정치사회적 문제들을 다양한 구성원들이 직접 해결했다. 그리고 그 과정에서 '공공선'과 '시민권'의 중요성이 강조되었다. 비록 시민의 자격이 아테네 성인 남성에게만 주어지고 노예제를 기반으로 한다는 치명적인 한계가 있었지만, 시대 상황을 고려해보면 이것이 아테네 민주주의의 의미 자체를 폄하할 수는 없다. 직접 민주주의 차원에서, 특권 세력이 아닌 일반 시민으로 구성된 평의회, 시민 법정, 민회의 역할은 근대에 와서 루소와 마르크스에 의해 재조명되었으며, 모든 시민이 공직에 제대로 참여할 수 있도록 뒷받침한 '추첨제', '공직 수당', '정보 공유', '아테네식 교육'과 같은 것들은 오늘날에도 민주화를 위한 중요한 원형으로 다뤄지고 있다. 공공선과 시민권을 탄생시키고 종교의 틀을 벗어난 아테네 민주주의는 오늘날에도 여전히 보편적인 정치체로서 매우 중요하다.

고대 그리스 민주주의의 비판자들

펠로폰네소스 전쟁에서 아테네가 스파르타에 패하면서 고대 그리스 민주주의는 쇠퇴의
길로 들어섰고, 결국 쇠퇴한 민주주의에 맞서 귀족주의의 복원을 지지했던 플라톤의 스
승 소크라테스는 민주주의에 의해 처형되고 말았다. 이러한 현실을 목격한 플라톤이 민
주주의를 비판한 것은 어쩌면 당연한 일인지도 모른다.

플라톤은 쇠퇴한 민주주의가 빚어낸 불합리한 사건, 아니 최악의 사건을 커다란 상처로
경험하면서 정치적 의사 결정의 기회는 '누구에게나'가 아니라 '철인왕'과 같은 소수에
게 주어져야 한다고 주장했다. 《국가Πολιτεία》에서 플라톤은 민주주의가 최고의 능력
과 자질을 갖춘 최적의 지도자를 뒤로한 채 모든 개인을 자기 멋대로 하도록 내버려두
어 결국 공공선의 실현을 불가능하게 할 것이라고 비판했다. 욕망과 사리사욕이 넘치는
대중들의 요구가 모여서는 공공선이 될 수 없을 뿐만 아니라, 결국 이러한 대중들의 요
구를 따르는 민주주의는 올바른 지도력을 만들어낼 수 없다는 것이었다. 그는 민주정의
지도자는 대중의 인기만을 좇기 때문에 법이 쉽게 위반되고 사회질서가 혼란스러워진
다고 주장했다.

그렇다고 해서 플라톤이 민주주의에 맞서는 참주제를 옹호한 것은 아니다. 플라톤은 참
주가 권력을 장악하는 과정에서는 공공선을 주장할 수 있지만, 권력을 장악한 이후에는
공공선과 무관하게 자신의 권력 유지에만 집중할 것이라고 보았다. 그래서 공공선의 실
현을 위해서는 어떤 상황에서도 지혜의 지배를 유지하는 철인왕이 지도자가 돼야 한다
고 여겼다.

플라톤의 뒤를 이어 아리스토텔레스도 민주주의를 긍정적으로 보지 않았다. 분명 아리
스토텔레스는 당대 다른 어떤 민주주의 비판자들보다 민주주의를 정확히 이해하고 있
었다. 그는 민주주의의 기본 원칙이 '자유'이고, 이 자유는 지배하는 사람이 다시 지배
받을 수 있음을 전제로 하며, 모두가 지배를 둘러싸고 자유로울 수 있는 것은 바로 '평

등'하기 때문이라고 보았다. 아리스토텔레스는 또한 민주주의에서 평등은 개개인의 장점에 의한 평등이 아니라 수敷적인 평등이며, 다수의 결정이 곧 최종적인 결정으로서 공공선을 재구성한다고 보았다. 따라서 그는 민주주의에서 지배권은 소수인 부자나 귀족이 아니라 다수인 빈자나 평민이 가지게 되며, 이들의 결정이 공동체의 결정이 된다고 보았다. 그러나 아리스토텔레스는 플라톤 이후 더 쇠락해가는 아테네 민주주의를 바라보면서, 민주주의가 모든 시민의 평등하고 자유로운 발언을 보장하는 '이세고리아ἰσηγορία'를 지나치게 강조한 탓에 결국 귀족들의 의견이 무시되고 다수 빈자들에게 모든 결정이 맡겨지면서 무모한 전쟁 등이 발발하게 되었다고 비판했다.

이러한 비판은 민주주의 사상과 원칙 그 자체에 대한 비판이라기보다는 몰락하던 아테네 민주정이 스스로의 위기를 극복할 수 없었던 당시 상황에 기인한 비판이라 할 수 있다. 이 비판은 현대의 민주주의 비판자들에게도 여전히 큰 영향을 미치고 있다. 그러나 놓치지 말아야 할 것은 이 비판이 가진 매력이 아니라 빈틈이다. 이런 비판의 문제점은, 모든 시민에게 수준 높은 시민 덕성을 함양하는 양질의 교육 기회를 제공하고 시민들이 자율적으로 정치에 참여할 수 있도록 그들에게 기본 생계 수단을 마련해줘야 하는 공동체의 의무에 대해서는 언급하기를 꺼린다는 것이다.

2장

민주주의의 부활, 그리고 근대적 변신

1

근대 민주주의, 고대 로마 공화주의 전통과 함께 문을 열다

고대 로마의 공화정은 비록 소수 집단에 의한 독점적 정치권력 체인 '과두제'의 모습을 띠어 완전한 민주주의의 또 다른 기원으로 보기는 어렵지만 민주주의에 대한 고대 그리스식 사고에 '법치'를 결합했고, '시민'의 범위를 확대할 여지를 제공했다. 그러나 로마의 귀족들이 점차 정치적 도덕성을 상실하고, 옥타비아누스가 악티움 해전(기원전 31)에서 승리한 후 여세를 몰아 카이사르의 뒤를 이어 사실상 로마 황제로 등극하면서, 공공선을 원칙으로 출발했던 로마 공화정 또한 무너지게 되었다. 이후 민주주의는 르네상스와 함께 이탈리아에서 도시 공화정으로 다시 태어날 때까지 약 1,500년 동안 소멸해 있었다.

키케로

그러나 로마 철학자 키케로를 통해 사상적으로 틀을 갖추게 된 로마 공화주의의 경험과 전통은 작게나마 중세 이탈리아 도시국가들 사이에서 유지되어왔다. 키케로는 《국가론De Re Publica》에서 국가, 즉 공화정에 대해 다음과 같이 설명한다.

국가는 인민의 재산이다res publica res populi. 그러나 인민은 무작정 모
인 사람들의 집합이 아니라, 정의와 공동선을 위한 협력에 대하여 동
의한 다수의 사람들의 결사이다. 결사를 형성하는 최초의 원인은 개
인의 약함이라기보다는 자연이 인간에게 심어준 어떤 종류의 사회성
의 정신이다.*

키케로는 인민 혹은 시민이 공동의 이익, 즉 공공선을 위해 협
력하는 것은 인간이 본능적으로 가지고 있는 사회성 때문이라고
보았다. 따라서 모든 시민이 공공선을 위해 협력하는 것이 당연
하며, 공동체가 법적으로 이러한 협력을 권리이자 의무로 보장해
야 한다는 것이다. 공공선을 추구한다고 해서 개인의 자유가 침
해당하지는 않는다는 시각은 그리스와 동일했다. 오히려 자유는
공화주의의 기본 가치였다. 이는 당시 공화주의가 사유재산 보
호를 중시했다는 점에서 분명하게 드러난다. 당시 로마 공화정은
법에 기반을 둔 혼합체의 성격을 띠고 있었다. 왕을 대신하는 권
력으로서의 집정관, 소수 귀족의 원로원, 그리고 평민들의 민회
와 호민관 제도가 결합된 로마 공화정은 법적 질서를 중심으로
참주제를 견제했고, 시민 덕성에서 비롯된 자율적인 시민들의 토

---

* 김용민, 〈키케로—고대 정치철학과 근대 정치철학의 가교〉, 전경옥 외, 《서양 고대·중세 정치
  사상사—아테네 민주주의에서 르네상스까지》(책세상, 2012), 283쪽에서 재인용.

론과 의사 결정으로 유지되었다.

중세에 상대적으로 이슬람과 비잔틴제국이라는 두 경제적·문화적 비옥지와의 접촉이 쉬웠던 이탈리아에서는 상업과 무역의 발달로 도시화가 빠르게 진행되었다. 피렌체나 베네치아 등 일부 도시들은 콘술이라는 집정관이 통치하는 코무네Comune라는 자치도시로 성장할 수 있었다. 12세기 후반 신성로마제국의 황제 프리드리히 1세가 이탈리아를 침공했을 때 베네치아를 중심으로 한 북부 도시들의 롬바르디아 동맹이 침공을 막아내면서 1183년에 이 도시들은 황제에게 충성을 맹세하는 대신 자치권을 보장받는 콘스탄츠 화약을 체결할 수 있었다. 이후 이탈리아는 주변 농촌 코무네와 결합해 도시국가로 발전했다. 이 과정에서 이탈리아는 하나의 정치체가 아니라, 레그눔 이탈리쿰Regnum Italicum이라는 여러 도시국가의 집합 형태로 유지되었다. 교황권과 갈등을 빚으면서 레그눔 이탈리쿰은 점차 중세의 권위로부터 벗어나기를 원했다. 이런 흐름에서 1453년 비잔틴제국의 수도 콘스탄티노플이 오스만제국에 함락되면서 엄청난 신조류가 탄생했다. 그것은 바로 고대 그리스와 로마라는 영광의 옛 시대를 되살리려는 거대한 움직임, '르네상스Renaissance, Rinascenza'였다.

비잔틴제국의 몰락 이전, 가톨릭 신민들이 대부분이었던 중세 유럽에서 아테네 민주주의의 흔적은 거의 찾아볼 수 없었다. 크리스트교의 신 앞에서 모든 인간은 신민으로서 교황이 정한 신의 명령에 따라 신의 은총을 바라면서 한결같은 하루하루를 살아가고 있었다. 그러나 비잔틴제국의 몰락은 유럽의 신국神國에 커다란 변화를 가져다주었다. 콘스탄티노플이 오스만제국에 포위당할 즈음, 이곳의 많은 성직자들과 학자들이 인근 이탈리아 베네치아로 도주하면서 콘스탄티노플에서 연구되던 고대 그리스 문학과 철학, 그리스어 성경 등이 베네치아로 전해졌는데, 이것은 베네치아에서 르네상스와 종교개혁의 움직임이 시작되는 결정적인 조건이 되었다. 15세기에 이미 전성기에 들어서 엄청난 부를 쌓고 있던 베네치아는 이를 토대로 르네상스를 주도해 나갔다.

르네상스는 주로 베네치아 공화국과 피렌체 공화국을 중심으로 활발히 전개되었다. 이미 피렌체에는 르네상스 이전에 단테 (1265~1321)가 있었다. 그 뒤를 이어 페트라르카(1304~1374)와 보카치오(1313~1375) 같은 인문주의자들이 그리스와 로마의 고전 학문들을 부흥시키면서, 신으로부터 자유로운 인간에 대한 관심이 사회 문화적으로 높아지고 있었다.

15세기 르네상스가 가져온 가장 중요한 가치는 '인문주의Umane-simo/Humanism'였다. 인문주의는 고대 그리스와 로마의 철학과 전통에 대한 고전학에 기반을 두었다. 이것은 당연히 종교적 권위와 신으로부터 자유로운 '시민', 그리고 공화주의적 전통에서 공공선을 찾아가는 평등한 인간에 대한 지적 호기심으로 이어졌다.

메디치 가
15~16세기 이탈리아 피렌체공화국에서 전성기를 누린 대부호 가문이다. 정치적으로 영향력이 있었음은 물론이고 레오나르도 다빈치, 보티첼리, 미켈란젤로 등을 후원하면서 르네상스를 이끌었다.

르네상스의 시민들은 고대의 시민 덕성과 유사한 '비르투Virtu'에 주목했다. 비르투는 포르투나라는 운명의 여신의 지배에서 탈출해 자유를 실현하는 인간의 능력이었다.

불행히도 인문주의자들의 비르투는 공화주의의 실현으로 이어지지는 못했다. 피렌체는 메디치 家에 의해 장악되면서 껍질뿐인 공화정 속에서 사실상 군주정을 이어갔다. 유일하게 베네치아가 지정학적인 이점을 살려 혼합정으로서의 공화정을 유지하긴 했지만, 그만큼 끊임없이 외세와 전쟁을 치러야 했던 탓에 공화주의를 주변으로 확산시키지 못했고, 결국 나폴레옹에 의해 1796년 공화국의 깃발을 내려야 했다.

16세기 초, 르네상스에 의해 부활한 비르투가 시민적 공화정으로 이어지지 못하면서 비르투에 대한 관심이 사라져갈 즈음에 비르투를 군주의 필수 조건으로 강조하면서 다시 공화주의의 흐름을 이어가려고 했던 자가 바로 마키아벨리(1469~1527)다. 그

마키아벨리

는 1513년 집필한《군주론Il Principe》과 1517년의《로마사 논고Discorsi sopra la prima deca di Tito Livio》를 통해 다시 한 번 비르투를 강조하면서 통치자와 정치 공동체가 함께 시민 덕성을 키우고 함께 통치해가는 공화주의에 대한 기대감을 이어갔다.

종교개혁, '개인'의 선택과 구원을 전면에 내세우다

이탈리아가 르네상스를 통해서 근대 민주주의의 여명을 맞이 했다면 독일의 경우에는 종교개혁을 통해서였다. 1517년 루터 (1483~1546)가 교황의 면죄부 매매에 항의하여 쓴 〈95개조 반 박문Die 95 Thesen〉을 시작으로 유럽 전역에 걸쳐 종교개혁이 시작 되었다. 이후 독일에서는 노예제도, 고리대금과 중과세, 불평등 한 규제 등의 철폐를 주창하는 농민전쟁의 물결이 종교개혁의 흐름과 결합되면서 종교개혁이 보다 급진적인 성격을 띠게 되었 다. 유럽 전역으로 확산된 종교개혁은 종교적 갈등을 낳아 종교 적 국제전인 30년전쟁(1618~1648)으로 이어졌으며, 이 전쟁이 베스트팔렌 조약 체결과 함께 마감되면서 결국 가톨릭과 신성로 마제국의 권위가 약화되었다. 그리고 이로 인해 국가 간 세력 균 형이 이루어지며 근대국가의 틀이 완성되고 절대주의가 등장하 게 되었다. 드디어 유럽 각국은 마치 끊어진 진주 목걸이의 진주 알처럼 자유로운 상태에서 서로 적이 되거나 동맹을 맺거나 해

루터

● —— 민주주의

종교개혁

16~17세기에 로마 가톨릭 교회의 개혁을 추구한 일련의 흐름이다. 흔히 루터의 〈95개조 반박문〉을 종교개혁의 시작으로 보지만, 그 이전부터 영국의 존 위클리프가 가톨릭 교회의 권위를 비판하는 등 쇄신 운동이 있었다. 종교개혁은 로마 가톨릭에서 프로테스탄트라는 새로운 교파를 파생시켰다.

절대주의

절대왕정, 즉 군주가 절대적 권한을 갖는 정치체를 말한다. 헌법이 군주의 주권보다 상위에 있는 입헌군주제와 달리 절대주의에서는 법이 군주의 명령을 실현하는 도구에 불과하다. 조세, 전쟁 선포, 모든 사회적 제도와 관습을 군주가 임의로 결정할 수 있다.

가며 세력을 키워나가는 진짜 외교와 정치를 시작하게 되었다. 이는 곧 각국의 국내 정치 또한 격변의 시기를 맞이하게 되었음을 의미한다.

종교개혁이 근대 민주주의의 여명이 될 수 있었던 것은 이 개혁 운동이 중세의 종교적 권위를 약화시키면서 정치의 근대적 틀을 만들었고, 종교적 의미가 아니라 근대적 의미에서의 개인의 구원을 강조하면서 '개인'과 '자유'를 전면에 내세웠기 때문이다. 또한 근대국가의 출현으로 국가가 더 이상 중세의 종교적 권위에 종속되지 않고 자유롭고 활발하게 시장경제를 확산하며 부를 축적할 수 있었다. 그뿐만 아니라 한 나라 안에서도 종교적 차이가 정치적 차이로, 정치적 차이가 경제적 이해관계의 차이로 이어졌으며 이는 다시 정치적 갈등으로 발전하게 되었다. 그 갈등의 대표적인 예가 바로 17세기에 두 차례에 걸쳐 일어난 영국의 부르주아 민주주의 혁명이었다.

영국 부르주아 민주주의 혁명, 자유주의의 탄생과 공공선의 상실

영국 민주주의는 1215년 존 왕의 실정과 과도한 조세를 참다못한 귀족들이 존 왕으로 하여금 '마그나카르타Magna Carta(대헌장)'에 서명하게 한 데서 출발했다. 마그나카르타는 서명 당시에는 교황의 방해로 실질적인 효력을 얻지 못했다. 하지만, 이를 계기로 1295년 에드워드 1세가 조세 문제로 '모범의회'를 소집함으로써 중산층을 대표하는 '하원Commons'이 만들어지면서 영국 의회정치의 기틀이 다져졌다. 또한 마그나카르타는 영국 헌법의 위상을 가지면서 이후 입헌군주제의 근거이자 전 세계 인신보호영장 제도의 시초가 되었으며, 17세기 영국 부르주아 민주주의 혁명의 정신적 기반이 되었다.

15세기에 곡물 산업보다 양모 산업에서 이익을 취한 영국의 지주들이 농지를 목장으로 바꾸는 '인클로저Enclosure 운동'을 전개하면서, 토머스 모어(1477~1535)가 '양이 사람을 잡아먹는다'고 풍자할 정도로 경작지를 잃어 삶이 어려워진 농민들이 증가하기

시작했다. 반면 지주들과 새롭게 땅을 매입한 신흥 도시부자들은
'젠트리Gentry'(젠틀맨Gentleman으로 불림)라는 새로운 주류 계층으로
성장하게 되었다.

섬이라는 영국의 지리적 특징은 영국 정치에도 영향을 끼쳤다.
종교개혁의 영향 속에서 1534년 국왕 헨리 8세가 '수장령Acts of
Supremacy'이라는 칙령을 내려 일종의 위로부터의 종교개혁을 실시
하면서 영국 국교회Anglican Domain(성공회)가 세워졌다. 이 시기를
전후해 영국은 유럽 대륙 국가들에 비해 가톨릭 권위로부터 상
대적으로 자유로워졌다. 한편 칼뱅식 프로테스탄트 개혁주의를
따르는 '청교도Puritan'들도 세력을 확대했다. 그러나 제임스 1세가
왕권신수설을 주장하고, 뒤이은 찰스 1세 또한 절대주의 강화와
함께 과도한 세금을 징수하는 등 폭정으로 나아가자 1628년 영
국 의회는 '의회 동의 없는 과세 불가', '법에 의한 인신 구금' 등
의 내용을 담은 '권리청원Petition of Rights'을 제출하게 되었다. 이에
찰스 1세는 의회를 해산했으나 스코틀랜드와의 전쟁을 위한 세
금 징수를 위해 의회를 소집할 수밖에 없었다. 그러나 의회는 왕
당파와 의회파로 분리되었고, 결국 청교도로 이루어진 의회파
의 반기로 청교도혁명이 발발했다. 이후 올리버 크롬웰(1599~
1658)의 지휘 아래 찰스 1세가 생포되면서 의회파가 권력을 장악
하게 되었다. 그러나 의회파는 다시 장로파와 독립파로 분열되었
고, 크롬웰의 독립파가 장로파와의 내전에서 승리한 후 1649년

크롬웰

정치적·경제적 평등을 주장하며 급진적 개혁안을 제시한 수평파라는 존재가 있어 청교도 혁명은 사유재산과 조세 문제를 둘러싼 권력 세력 간의 싸움을 넘어, 가장 낮은 자들을 포함한 피억압 세력들이 보다 진보적인 삶의 형태를 만들어가는 운동이 될 가능성을 내포하고 있었다.

찰스 1세를 참수했다. 이후 호국경護國卿, Lord Protector이 된 크롬웰의 독재정치가 시작되었다.

청교도혁명이 영국 부르주아 민주주의 혁명으로서 의미를 갖는 것은 그것이 단지 신흥 젠트리를 중심으로 한

신흥 젠트리 계층을 묘사한 토머스 게인즈버러의 그림 〈앤드루스 부부〉(1748~1749)

청교도들만의 혁명이 아니었기 때문이다. 비록 이후 크롬웰에 의해 철저히 탄압받고 처형되기는 했지만, 청교도혁명의 한가운데에는 '수평파Leveller'라는 제3의 세력이 있었다. 릴번John Lilburne 등이 이끄는 수평파는 크롬웰의 독립파와 동맹 관계에 있었지만, 혁명을 보다 급진적으로 확장하면서 독립파와 대립하게 되었다. 1645년 수평파는 의회주의와 인권을 강조하면서 보통선거권과 인구비례 선거구 설치 등으로 정치적 평등을 강조한 '인민협정 Agreement of the People'을 제시했다. 이후에도 수평파는 급진적 개혁안을 의회에 제시하면서 크롬웰 세력과 대립했으나, 결국 크롬웰이 권력을 장악한 후 대대적인 탄압을 받게 되었다.

이런 탄압 속에서 수평파 내 일부는 윈스턴리Gerrad Winstanley의 지도 아래 '진정한 수평파'로 자처하면서 초기 기독교 정신에 따라 지주제 전면 폐지와 토지 공유 경작 등 경제적 평등을 주장하

홉스는 자연 상태에서는 모든 개인이 동등한 자유를 가지며, 그 어떤 타고난 특권도 없이 모두가 평등하다고 여겼다. 그리고 주권자가 주권을 갖는 것은 스스로의 힘에 의해서가 아니라 오직 자유로운 개인들의 평등한 사회계약을 통해서만 가능하다고 보았다. 이것이 자유주의 사상의 탄생이었다.

는 '디거스Diggers(땅을 일구는 자들)'가 되었다. 청교도혁명은 비록 부르주아의 민주주의 혁명이었고 결국 크롬웰의 독재로 마감되었지만, 수평파라는 존재가 있어서 사유재산과 조세 문제를 둘러싼 권력 세력 간의 싸움을 넘어, 가장 낮은 자들을 포함한 피억압 세력들이 보다 진보적인 삶의 형태를 만들어가는 운동이 될 가능성을 내포하고 있었다.

청교도혁명 이후 새로운 정치사상이 싹을 틔웠다. 그 시초는 영국에서 이러한 일련의 사건을 경험한 뒤 1651년《리바이어던Leviathan》을 출간한 토머스 홉스(1588~1679)였다. 혼돈의 현실에서 홉스가 받아들인 것은 인간의 본성은 악하다는 '성악설'이었다. 악하고 개인주의적 사고에 젖은 개인들은 '자연 상태'에서는 '만인의 만인에 대한 투쟁'의 상황에 빠질 수밖에 없으며, 자기 보존을 위해서라면 무슨 짓이든 할 수 있다. 종교를 구실로 극단적 대립과 살육이 전개되는 시대에 홉스의 이러한 성찰은 어쩌면 당연한 것이었다. 따라서 홉스에게 아테네 민주주의나 로마 공화정, 그리고 르네상스 시대가 꿈꾸었던 공공선이나 시민 덕성은 부질없는 허구일 뿐이었다. 결국 홉스는 절대 주권자(리바이어던)에게 개인의 권리를 양도하는 사회계약을 통해서 모두가 스스로의 안전과 행복을 지킬 수 있다고 보았다. 게다가 홉스에 따르면 주권자에게 한번 양도한 권리는 되찾을 수 있는 것이 아니었다. 하지만 홉스는 자연 상태에서는 모든 개인이 동등한 자유

홉스

를 가지며, 그 어떤 타고난 특권도 없이 모두가 평등하다고 여겼
다. 그리고 주권자가 주권을 갖는 것은 스스로의 힘에 의해서가
아니라 오직 자유로운 개인들의 평등한 사회계약을 통해서만 가
능하다고 보았다. 이것이 자유주의 사상의 탄생이었다.

홉스의 주장은 현실이 되었다. 크롬웰이 죽은 지 2년 뒤인
1660년에 영국 의회는 왕당파가 다수를 차지하면서 찰스 1세의
동생 찰스 2세를 새로운 리바이어던으로 하는 왕정복고를 이루
었다. 그리고 찰스 2세의 뒤를 이은 제임스 2세가 폭정을 펼치자
1688년 영국 의회는 그를 끌어내리기 위해 군대를 동원하여, 네
덜란드에 살고 있던 그의 장녀이자 프로테스탄트교도인 메리와
그녀의 남편 오렌지 공 윌리엄을 왕으로 추대했다. 민심을 잃은
제임스 2세는 저항 없이 영국을 떠났고, 새로 공동 왕위에 오른
윌리엄 3세와 메리 2세는 의회가 제출한 '권리장전Bill of Rights'을
승인했다. 이것이 바로 무혈의 '명예혁명Glorious Revolution'이었으며
영국 부르주아 민주주의 혁명의 종결이었다. 권리장전은 1, 2차
영국 부르주아 민주주의 혁명의 최종 산물로서 영국의 입헌군주
제를 강화하고 절대주의의 소멸을 이끌었으며 내각책임제의 틀
을 완성했다.

명예혁명을 경험한 영국 철학자 존 로크(1632~1704)는 유혈
갈등, 독재, 리바이어던의 재림이라는 왕정복고의 혼란기를 겪은
홉스와는 다른 생각을 했을 것이 틀림없다. 종교 문제를 표면에

로크

신탁

신뢰라고도 하며, '신탁자', '수탁자', '신탁의 수혜자'
라는 3자 관계로 이루어진다. 신탁자인 시민은 수탁
자인 정부에게 보호를 요구할 수 있다. 이때 정부는
신탁자이자 신탁의 수혜자인 시민을 보호할 의무를
다해야 한다. 정부가 가진 권력은 시민과의 신탁 관계
를 통해 주어진 것이기 때문이다. 신탁은 정부의 특권

을 견제하고 시민과 정부의 계약 관계를 새로 만드는
핵심이다.

내세운 정치 투쟁을 목격하면서 관용의 필요성을 주장했던 로크
는 명예혁명이라는 새로운 사회계약의 모습을 보고서 명예혁명
2년 뒤인 1690년에 《통치론The Second Treatise of Government》을 출간했
다. 어릴 적부터 로크가 바라본 영국혁명은 정치적·종교적 자유
와 조세 문제가 개입된 사유재산권을 둘러싼 왕과 시민들 사이
의 갈등과 투쟁이었다.

　이와 함께 개인주의 전통이 강했던 당시 영국에서 로크는 기존
의 자유주의적 흐름을 자신의 사상으로 체계화했다. 로크는 《통
치론》에서 홉스와는 다른 자연 상태를 설정했다. 로크의 자연 상
태는 홉스의 것처럼 혼란스럽지 않다. 무신론적 경향을 보인 홉
스와 달리 로크는 자연 상태에서는 신이 정한 '자연법natural law'이
지배한다고 보았다. 인간은 이성이 있기 때문에 자연 상태에서도
자연법에 따라 개개인이 자유롭게 노동을 통해 사유재산을 만들
고 보호해나갈 수 있다. 그러나 개인의 사유재산이 이성을 넘어
침해되는 자연법 위반이 발생할 수 있다. 로크는 이러한 위반이
반복될 경우 자연 상태에서는 그 피해를 보상받을 방법이 없기
때문에 문제 해결을 위해 신탁trust에 기반을 둔 사회계약으로 정
부를 구성하는 것이라고 생각했다.

　로크는 자연 상태에서도 인간이 자연법에 따라 자유롭게 살아
갈 수 있다고 봤다는 점에서 홉스보다 더 나아간 자유주의를 펼
쳤다. 그러나 로크의 자유주의는 여전히 신을 중심으로 사고한

것과 더불어 사유재산을 강조하면서 신흥 세력인 부르주아의 사적 소유권을 보호하는 정치 형태를 설정했다는 한계를 가진다. 또한 홉스의 자유주의가 단순하지만 일관성을 띤 것과 달리, 로크의 자유주의는 복잡하고 비일관적이라는 비판을 받는다. 그것은 로크가 사상을 통해 현실을 파악하려 하기보다는 현실의 이해관계를 중심으로 자유주의 사상을 만들어나가려 했기 때문일 것이다. 로크의 자유주의는 시민사회의 중요성과 통치권에 대한 시민 저항권을 포함하면서 이후에 일어난 민주주의 혁명의 정신적 근간이 되었다는 긍정적인 면도 갖고 있지만, 근대 민주주의가 고대 아테네와 로마의 공공선 우선 사상과 결별하고 개인과 사적 소유권을 중심으로 전개되도록 했다는 비판을 피할 수 없다. 로크는 정치에서 사적 영역을 삭제하고 공적 영역만을 분리해낸 것이다.

4

미국과 프랑스, 혁명으로 근대
자유 민주주의의 절정을 이루다

절대군주제 시대의 끝인 18세기 말에, 즉 1789년에 프랑스혁명
이 발발한다. 이와 더불어 민주주의는 다시 공화주의적 전통과
함께 '인민에 의한 통치'라는 이념으로 부활했다. 물론 이 부활은
프랑스혁명 전 약 2세기에 걸쳐 군주제 혹은 절대왕정하에서 진
행된 자본주의 산업화의 과정과 이에 따른 자유주의라는 새로운
사상의 전개를 배경으로 했다. 영국에서 홉스와 로크를 통해 싹
튼 자유주의는 그 후 여러 정치 사상가들이 왕권신수설에 도전
하고 군주와 대등한 시민의 자치 혹은 시민에 의한 통치의 가능
성을 정당화하며 발전을 거듭하고 있었다.

몽테스키외

　　프랑스 계몽사상가이자 고등법원장이었던 몽테스키외(1689~
1755)는 1748년에 출간한 《법의 정신Esprit des Lois》에서 권력분립
을 주장했다. 그는 베네치아와 같은 공화국들에서는 행정을 담당
하는 한 집단이 사실상 입법권, 행정권, 사법권을 모두 장악하고
있는데, 이는 개인의 사생활을 침해하는 것이라고 지적하면서 권

영국에서 홉스와 로크를 통해 싹튼 자유주의는 그 후 여러 정치 사상가들이 왕권신수설에 도전하고 군주와 대등한 시민의 자치 혹은 시민에 의한 통치의 가능성을 정당화하며 발전을 거듭하고 있었다.

력분립의 필요성과 기준을 제시했다. 몽테스키외는 헌법적 기구들이 서로 다른 기구를 압도하지 못하는 균형 상태에서 자유롭게 업무를 수행하도록 권력을 분립시켜야 한다고 생각했다. 그는 또한 권력이 분립되면 각 기구들이 자기 업무에 효율적으로 집중할 것이라고 보았다. 그의 권력분립론은 프랑스 절대왕정 시절 군주와 귀족 사이의 세력 균형에 초점을 맞춘 것이었지만 권력분립론 자체는 나중에 현대 민주주의의 제도적 기틀이 되었다.

몽테스키외가 절대왕정의 한계에 갇혀 있던 반면, 미국 건국 세력들은 그러한 한계에서 벗어나 자유롭게 공화정과 권력분립을 설계할 수 있었다. 미국 독립의 계기는 이전 부르주아혁명과 마찬가지로 조세 문제였다. '개인' 또는 '개별 집단'의 사유재산 침탈에 대한 급진적 저항이 식민지 미국의 독립으로 이어진 것이다. 18세기에 미국 식민지 의회는 영국 정부가 재정 악화를 해결하기 위해 미국 식민지 상인들에게 '설탕세', '인지세', '종이와 차 관세' 등 각종 조세를 부과하는 것에 대해 "대표 없이는 조세 없다"라는 주장으로 반발했지만, 결과는 저항하던 보스턴 시민 5명의 죽음이었다(보스턴 학살, 1770). 이는 1773년의 보스턴 차 사건으로 이어졌다. 그러나 영국 정부는 강경 대응을 유지했고, 결국 영국 정부와 미국 식민지 사이에 무력 충돌이 일어나면서 미국 독립 전쟁이 시작됐다. 미국은 영국을 견제하는 유럽 국가들의 지원을 얻어 전쟁을 유리하게 이끌어갔으며, 1776년에 토머

〈미국 독립 선언〉(1776)

스 제퍼슨이 기초한 독립선언문을 공포했다.

　우리들은 다음과 같은 사실을 자명한 진리로 인정한다. 즉, 모든 인간은 평등하게 태어났고, 창조주는 양도할 수 없는 일정한 권리를 인간에게 부여했으며, 생명권과 자유권과 행복 추구권은 이러한 권리에 속한다.

　이 권리를 보장하기 위해 인간에 의해 정부가 조직되었으며, 정당한 정부 권력은 피치자의 동의로부터 나온다. 어떤 형태의 정부라도 이러한 목적을 훼손하는 경우, 그러한 정부를 언제든지 변혁하고 해체하여 인민의 안전과 행복을 가장 효과적으로 보장할 수 있는 원칙에 입각하여, 권력을 갖춘 새로운 정부를 조직할 수 있는 권리가 바로 인민에게 있다.*

　미국 독립선언문 서두를 장식하는 이 문구는 이후 1789년 프랑스혁명 때 라파예트 등이 기초하고 국민의회가 채택한 '인권과 시민권에 관한 선언'(속칭 '프랑스 인권선언')은 물론이고 1948년 국제연합이 채택한 '세계 인권선언'에도 큰 영향을 끼쳤다.

　1783년 파리 조약과 함께 전쟁이 미국의 승리로 끝나면서 영

---

* 이종훈, 〈미국 독립 선언〉, 《세계를 바꾼 연설과 선언》(서해문집, 2006).

국으로부터의 미국의 독립이 승인되었다. 이로부터 6년 뒤인 1789년 미국은 연방의회를 구성하고 대통령 선출과 함께 정부를 구성했다. 이때 미국에서는 권력 형태로서 연방제를 둘러싼 뜨거운 논쟁이 일어났다. 많은 지도자들이 연방주의와 관련된 논문Federalist Papers을 내놓았으며, 제임스 매디슨(1751~1836)도 〈연방주의자 논문 제10호Federalist No. 10〉에서 미국과 같은 대규모 사회에서 '다수의 전제'에 의한 혼란을 막고 공동의 이익을 지키기 위해서는 연방주의와 삼권분립제가 가장 바람직하다고 주장했다.

1789년에 발발한 프랑스혁명의 정신적 진원지는 영국의 자유주의, 미국의 독립선언, 그리고 프랑스에서 발전한 계몽사상이었다. 그중 무엇보다 프랑스 계몽사상은 디드로, 볼테르, 몽테스키외, 루소 등에 의해 발전했다. 특히 루소는 1762년 집필한 《사회계약론du contrat social》에서, 혼란스러운 자연 상태를 극복하기 위해 권리를 양도해야 한다고 보았던 기존의 자유주의적 사회계약

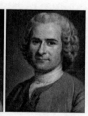

매디슨, 디드로, 볼테르, 루소(왼쪽부터)

현대 프랑스 철학자 발리바르Étienne Balibar는 프랑
스혁명 200주년 기념 연설에서 프랑스 인권선언을 재
해석하면서 인민주권은 위계질서에 기반을 둔 고전
적 주권과 달리 '평등한 주권'이며 사실상 시민들의
'평등한 자유'라고 주장했다. 그리고 이를 '평등자유
égaliberté'라는 신조어로 표현했다.

에 반대했다. 루소는 자기 보존이 가능했던 행복한 자연 상태를
깨뜨린 장애물을 극복하기 위한 사회계약을 제시한다. 그러나 루
소가 말한 사회계약은 주권의 양도가 아니다. 주권은 양도될 수
도, 대표될 수도 없고 오로지 인민에게 있으며, 계속 인민에게 있
어야 하는 것이다. 이런 생각을 가진 루소는 영국에서 발생한 자
유주의에서는 단지 선거 시기에만 시민이 자유를 누리고, 선거가
끝나고 대표자가 뽑히면 그 자유가 끝나 시민이 아무런 존재 가
치도 없는 노예로 전락한다고 비판했다. 루소는 모든 시민이 공
공선이 공적 공간에서 나타난 형태인 '일반 의지volonté générale'를 따
라야 한다고 주장했다. 양도될 수 없는 인민주권을 가진 인간은
어떤 것에도 구속되지 않는 자유로운 시민이며, 모두가 그런 자
유로운 시민이라는 평등한 조건으로 살 수 있다. 따라서 루소에
게서는 자유가 곧 평등이고, 평등이 곧 자유였다.

　1789년, 프랑스에서 삼부회 중 평민 의회가 영국식 국민의회
로의 전환을 결정하고 이를 위한 헌법 개정 작업에 착수했는데
루이 16세가 힘으로 저지하려 하면서 프랑스혁명이 폭발했다.
프랑스혁명으로 분출된 자유주의의 물결 속에서 1792년에 국민
공회가 왕정을 폐지하고 제1공화국을 선포했으나, 이후 로베스
피에르(1758~1794)의 공포정치와 나폴레옹 체제로 이어지는
한계가 드러난다. 그런 한계에도 불구하고 프랑스혁명은 근대 민
주주의의 특징을 결정지었다.

5

민주주의 혁명, 그 누구도 권력의
빈자리를 영원히 차지할 순 없다

절대군주제에서는 왕이 신의 대리인이고 영원히 그 권력의 소유
자가 변하지 않으며 다른 어느 누구도 결코 그 권력에 도전할 수
없다고 믿어져왔다. 프랑스혁명은 이러한 절대군주제를 무너뜨
렸다. 이것은 지배와 피지배, 억압과 착취를 신이 정한 숙명의 자
연법칙으로 여겨왔던 사람들에게 칠흑 같은 터널의 끝을 보여주
는 한 줄기 빛과도 같은 것이었다. 이 빛을 통해 보다 많은 사람
들이 자신들의 현실을 깨닫고 해방된 세상의 가능성을 조금씩
볼 수 있게 되었다.

그러나 영국혁명과 프랑스혁명을 이끌었던 부르주아 계급은
자신들이 군주로부터 되찾은 자유와 평등의 권리를 해방된 농노
나 도시 빈민들, 여성 등과 나누지 않고 독점했다. 크롬웰은 호국
경이라는 새로운 절대 권력자가 되자 정치·경제적 평등의 확대
를 주장하는 수평파들을 탄압했고, 프랑스의 로베스피에르는 정
권을 장악한 뒤 폭력을 휘두르며 수많은 반대파를 처형했다. 프

로베스피에르

프랑스혁명은 절대군주제를 무너뜨렸다. 이것은 지배와 피지배, 억압과 착취를 신이 정한 숙명의 자연법칙으로 여겨왔던 사람들에게 칠흑 같은 터널의 끝을 보여주는 한 줄기 빛과도 같은 것이었다.

랑스혁명을 주도한 자코뱅 세력의 수장 로베스피에르는 루소의 인민주권이 실현되는 새로운 사회를 만들겠다는 일념 아래, 당통을 죽이고 '테러'라는 말의 기원이 된 악명 높은 공포정치La Terreur를 전개하다가 결국 '테르미도르Thermidor(열월熱月)의 반동'으로 부르주아 온건파들에게 살해당했고, 이는 나폴레옹과 프랑스 제정帝政이 출현하는 계기가 되었다.

그 뒤에 이어진 유럽 전역의 부르주아 민주주의 혁명 세력들도 민주주의를 급진적으로 확산시키는 데 실패했다고 평가된다. 1848년 2월 프랑스에서는 기존의 혁명 세력에 사회주의 세력과 노동자 계급이 결합해 복원된 왕정에 반대하는 2월혁명이 일어났다. 그 결과로 기존의 공화파인 부르주아 민주주의 세력과 새

로베스피에르의 처형
을 묘사한 그림

로운 사회주의 세력이 중심이 된 임시정부가 구성되었는데 두 세력의 대립이 심각했다. 이들은 선거 민주주의를 중심으로 연합했지만, 사회주의자들은 4월 제헌의회 구성 선거에서 모두 낙선했고, 공화파 세력도 결국 6월 항쟁의 진압과 함께 힘을 잃게 되었다. 이런 배경에서 아무런 정치적 지원 세력도 없이 오직 삼촌인 나폴레옹 1세의 후광만을 이용해 정치 무대에 뛰어든 루이 나폴레옹 보나파르트(나폴레옹 3세)가 선거에서 압승해 대통령이 된 뒤 다시 제2제정을 실시하게 되었다.

한편 혁명을 두려워하며 역사의 흐름을 반민주적으로 바꾸려는 위에서부터의 움직임도 생겨났다. 왕과의 타협을 이룬 영국 혁명과 달리 왕정을 무너뜨린 1789년 프랑스혁명은 자유주의의 절정이었기 때문에 유럽의 절대주의 세력들은 프랑스혁명의 자유주의 물결이 자국으로 들어오는 것을 막기 위해 프랑스와 반혁명 전쟁을 벌였다. 급기야 1815년 오스트리아의 총리 메테르니히의 주도하에 '빈 체제'가 수립되기에 이르렀다. 빈 체제의 핵심은 나폴레옹에 의해 무너진 왕정을 프랑스혁명 이전과 같이 복원하고 이에 반하는 모든 자유주의와 민족주의 운동을 인정하지 않겠다는 것으로 대단히 반민주적이었다. 빈 체제는 결국 유럽 전역에서 거대한 저항에 부딪혔다. 1848년은 그 저항의 정점이었다. 프랑스 2월혁명은 반동적인 빈 체제에 신음하던 유럽 다른 국가의 시민들과 수가 늘어난 노동자 계급의 혁명적 열기에 불을 댕겼다. 복원되었던 왕정을 다시 폐지하고 제2공화정을 세운 프랑스 2월혁명을 시작으로 독일에서는 봉건적 구체제를 타파하려는 3월혁명이 발발했다. 영국에서도 산업혁명의 결과로 노동자 계급이 증가하면서 이들이 자발적으로 조직한 차티스트 운동Chartist Movement이 1838년부터 전개되었다.

1848년 혁명의 물결은 빈 체제가 붕괴하고 입헌주의 및 민족주의적 독립운동이 부활하는 긍정적인 결과를 낳았다. 하지만 보다 급진적인 정치·경제적 평등이나 사회주의처럼 부르주아 자유주의를 넘어서는 민주적 주장들은 혁명이 진압되면서 함께 진압되었다. 근대 부르주아 민주주의 혁명의 주도 세력들은 자신들의 자유주의를 제약하고 탄압하려는 보수 세력들에게 급진적 저항으로 대응하는 한편, 개인의 사적 소유권을 폐지하고 공동으로 소유하자는 급진적 주장을 편 세력들에게 무자비한 탄압으로 맞섰다. 루소의 인민주권으로 구체제에 저항하면서도 로크의 자유주의 사상으로 가난한 인민의 요구에 대한 자신들의 탄압을 정당화한 것이다.

부르주아 세력들은 앙시앵 레짐Ancien Régime(구체제)이라는 낡은 절대군주제를 타도하기 위해 자유주의적 인권 사상, 즉 '모든 인간은 어느 것에도 귀속됨 없이 태어나고, 태어날 때부터 자유롭고 평등하게 살아간다'라는 원칙을 끌어들인 탓에 적어도 앙시앵 레짐의 절대군주처럼 특권과 위계질서를 강요하면서 권력을

앙시앵 레짐

프랑스혁명 이전의 제도와 권력 구조를 일컫는다. 프랑스혁명 후 프랑스 사회의 가장 큰 변화는 군주제 폐지와 신분 질서의 변화였다. 프랑스혁명 후 최고 통치권은 나폴레옹 제국 시기를 제외하고 투표로 선출되었고, 전통적인 신분 질서 또한 크게 약화되었다.

유지할 수는 없었다. 하지만 새로운 권력을 얻은 부르주아 계급은 시민권 확대를 요구하는 여러 사회 계급·계층들로부터 끊임없이 도전받게 되었다. 모든 저항을 일일이 물리적 폭력으로 진압하는 것은 비용이 많이 들고 명분상으로도 한계가 있었다. 점차 그들은 폭력적 진압에 더하여 정당·선거 제도를 보다 복잡하고 비용이 많이 드는 것으로 설계함으로써 도전과 저항의 힘을 완화하거나 무력화하려고 했다. 하지만 이후 근대의 새로운 권력은 그 어떤 상황에서도 민주주의의 이름 아래에서는 절대 권력이 될 수 없었으며, 언제나 새로운 정치적 도전에 대해 합리적이고 민주적인 방법으로 답해야 할 의무를 가지게 되었다.

프랑스의 정치철학자 클로드 르포르Claude Lefort는 근대 부르주아 민주주의 혁명이 바꾸어놓은 권력의 새로운 본질을 근대 민주주의의 특징으로 제시했다. 르포르는 구체제와 구별되는 근대 민주주의를 그 어원과 함께 시작된 '누가 통치의 주체인가' 혹은 '어떠한 절차가 민주적인가'라는 전통적 문제의식이 아니라, '어떤 권력인가'라는 권력의 성격으로 특징지었다. 그는 아테네 민주주의가 아니라 프랑스혁명에서 출발한 서구 부르주아 민주주의 혁명이 근대 민주주의의 기원일 수 있었던 것은 이 혁명을 통해 권력 그 자체였던 절대군주로부터 권력이 떨어져 나갔기 때문이며, 그 결과 더 이상 군주라는 특권적 주체가 권력을 절대적으로 소유할 수 없게 되었기 때문이라고 설명한다.

근대 부르주아 민주주의 혁명의 주도 세력들은 자신들의 자유주의를 제약하고 탄압하려는 보수 세력들에게 급진적 저항으로 대응하는 한편, 개인의 사적 소유권을 폐지하고 공동으로 소유하자는 급진적 주장을 편 세력들에게 무자비한 탄압으로 맞섰다.

따라서 부르주아 민주주의 혁명 이후 형성된 근대 민주주의 정치 체제의 가장 중요한 특징은 다음과 같다. 즉, ① 민주적 권력이란 절대군주 권력과 달리 어떤 개인이나 집단이 절대적으로 소유하는 사유물이 아니다. ② 민주적 제도란 어떤 정치사회적 세력이라도 모두 공적인 영역에서의 의사 결정 과정에 참여하고 자신의 의지를 관철시킬 기회를 갖게 하는 것이다. ③ 근대 민주주의 이념은 인민은 누구나 정치권력의 자리를 차지하기 위해 경쟁할 수 있도록 시민으로서의 자격을 갖는다고 규정한다.

프랑스혁명에 대한 이전의 해석들은 이 혁명의 자유주의적, 공화주의적 또는 인민주권적 의미에 집중하면서 이 혁명의 역사적 의의나 한계를 설명하려 했다. 이와 달리 르포르는 프랑스혁명이라는 역사적 사건 그 자체보다는 그 사건을 경험한 사람들의 권력에 대한 인식 변화에 주목했다. 민주주의라는 이름으로 프랑스혁명을 경험한 사람들에게 권력은 이제 절대적이거나 도전 불가능한 것이 아니었다. 사회주의든 자본주의든 어떤 체제를 위해서도 권력은 절대적인 것으로 옹호될 수 없다. 르포르는 권력이 목적에 따라 정당화되는 것이 아니라, 어느 누구나 자유롭게 권력에 도전할 수 있다는, 권력 자체의 본질에 따라서만 정당화될 수 있다는 것을 강조했다. 그래서 민주적인 권력이라면 사회주의와 같은 급진적 사상과 결합될 수 있으면서도 전체주의의 늪에 빠지지 않아야 하는 것이다.

프랑스혁명 이후 민주주의는 특정 집단이 한번 잡은 권력을 유지하기 위해 다른 어떤 세력의 비판, 견제, 도전을 용납하지 않는 권위주의 세력이 되었을 때, 이 권위주의에 맞서 싸워 다시 권력을 인민에 의해 관리될 수 있는 상태로 되돌리는 정치적 원리가 되었다.

비록 프랑스혁명은 왕정복고로 이어지는 정치적 실패로 끝났지만, 이후 민주주의는 보다 급진적인 영역으로 확장될 수 있었다. 프랑스혁명 이후 민주주의는 특정 집단이 한번 잡은 권력을 유지하기 위해 다른 어떤 세력의 비판, 견제, 도전을 용납하지 않는 권위주의 세력이 되었을 때, 이 권위주의에 맞서 싸워 다시 권력을 인민에 의해 관리될 수 있는 상태로 되돌리는 정치적 원리가 되었다.

물론 오늘날 민주주의는 오히려 권위주의를 옹호하는 모습을 보이기도 한다. 현대의 민주적 체제는 대의·위임제를 당연시하면서 정당정치를 중심으로 정치 엘리트들에게 정치 참여 기회를 일임하고 있다. 또한 공공 이익에 복무해야 할 관료 기관들이 선거 때 특정 정치 세력을 위해 동원되는 이른바 관제 선거를 통해 권위주의가 제도적으로 정당화되기도 한다. 이러한 사실은 결국 현대 민주주의가 점차 고대의 가치는 물론 근대적 가치로부터도 멀어지고, 엘리트와 특권 집단을 제외한 다른 세력의 정치적 도전 가능성을 철저히 차단하는 수단으로 전락했음을 시사한다. 그럼에도 불구하고 자유주의와 결합한 근대 민주주의 원칙은 오늘날 권위주의화한 권력과 비틀어진 민주적 제도들을 비판하고 모든 세력의 정치적 도전의 발판을 이념적으로 마련하고 있다는 측면에서 대단히 중요하다고 할 수 있다.

6

민주주의와 사회주의의 결합,
노동자 계급이
부르주아 민주주의에 도전하다

마르크스

엥겔스

1848년은 유럽에서는 물론이고 세계적으로도 민주주의의 의미와 정치적 방향에 전환이 생긴 중요한 해였다. 프랑스 2월혁명을 시작으로 유럽 전역에서 빈 체제의 붕괴로 이어진 연쇄 혁명이 일어난 1848년 이후 유럽 국가들은 점차 자체적으로 자본가 중심의 부르주아 정치 세력이 주도하는 입헌 민주주의 체제를 도입하면서 현대 '주류' 민주주의의 틀을 형성했다. 또한 1848년은 공산주의 사상가이자 정치가인 마르크스와 엥겔스가 1847년 결성된 '공산주의자 동맹'의 강령이라고 볼 수 있는 그 유명한 〈공산당 선언Communist Manifesto〉을 작성한 해이기도 하다. 이는 곧 현대 주류 민주주의와 이를 통해 확산되는 자본주의에 대항하는 새로운 민주주의가 동시에 탄생했음을 의미한다.

　1848년 혁명 직후 유럽의 정치적 상황은 급변했다. 17세기에 베스트팔렌 조약이 체결된 이후 절대왕정 체제의 복원을 꿈꾸며 형성된 빈 체제가 혁명을 통해 전복된 이후 혼란스러운 상황에서, 당시 구체제의 전복과 혼란을 주도했던 신흥 자본가 중심 부르주아 세력의 주도로 민주적 질서를 수립하고 사회를 안정시키자는 움직임이 빠르게 일어났다. 프랑스에서는 루이 필리프가 축출되고 대통령에 선출된 나폴레옹 3세를 필두로 성인 남성의 참정권이 확대되었으며, 제2공화국이 선포되었다. 독일에서는 비록 단명하긴 했지만 '프랑크푸르트 국민의회'가 탄생했다. 영국에서도 비록 차티스트 운동이 무력 진압되긴 했지만 19년 후인 1867년에 참정권이 도시 남성들에게로 확대되고, 훗날의 노동당 탄생을 가능케 한 조건들이 형성되었다. 헝가리는 공화정을 선포했으며, 이탈리아는 민족주의적 통일의 기틀을 만들었다. 1789년의 프랑스혁명이 나폴레옹을 통해 유럽 전역에 확산시킨 자유주의적 민주주의의 발전이라 할 수 있다.

　이러한 유럽의 민주적 발전은 18세기 이후 전 사회적으로 급부상한 부르주아 자본가 계급과 자유주의 세력의 이해에 부합했다. 이는 곧 당시 확산된 자유주의적 민주주의가 자본가 계급의 이익을 침해하지 않는, 아니 보호하는 역할에서 발전을 멈추었다는 것을 의미한다. 그들은 비록 왕정을 견제하는 입헌주의를 지지했지만, 부를 나누어 갖자고 요구하는 노동자 계급에게까지 정치적 평등을 실현하려 하지는 않았다. 19세기 초에 유럽에서는 산업혁명이 절정이어서 산업자본가들이 운영하는 공장들이 쉴 틈 없이 연기를 뿜어대며 상품을 만들어냈지만 상품이 창출한 이윤은 굴뚝의 연기처럼 자신의 노동을 뿜어낸 노동자들에게는 제대로 돌아가지 않았다. 노동자들은 여전히 가난에 허덕였으며, 18세기 후반부터 전 유럽에 걸쳐 확산된 2차 인클로저 운동으로 경작할 땅을 잃고 도시로 유입된 농민들이 값싸고 종속적인 노동자로 바뀌면서 그들의 삶은 더욱 나빠졌다.

노동자들의 노동 가치가 자본주의적 이윤 생산의 핵심임을 알고 있던 자본가들은 계속해서 그 이윤을 축적하기 위해서는 노동자들에게 자신들과 똑같은 정치적 평등을 허용해서는 안 된다는 것을 누구보다 잘 알고 있었다. 영국의 정치경제학자 데이비드 리카도가 1817년 출간한 《정치경제학과 과세의 원리에 대하

리카도

여On the Principles of Political Economy and Taxation》를 통해 상품 가치는 투여된 노동 총량에 의해 결정된다는 노동 가치설이 이미 퍼져 있던 터였다. 자본가들이 장악한 부르주아 의회정치 권력은 언제나 노동자들을 중심으로 한 도시 빈민과 농민들의 정치적 평등과 사회 개혁의 요구를 제도적으로 철저히 차단했다. 제도로 막을 수 없을 때 동원되는 것은 언제나 무력이었다.

오언

부르주아 자본가 계급을 대표하는 자유주의 정치 세력들이 엘리트 중심의 부르주아 의회 민주주의 정치의 틀을 완성해나가는 동안, 한편으로는 19세기 초부터 자본주의의 문제를 해결하고 노동자들의 삶을 개선하기 위한 사회주의 운동이 전개되었다. 1800년대 초에 영국에서는 로버트 오언이 직접 경영하던 공장

의 노동자들을 중심으로 자본주의의
문제를 해결하기 위한 실험이 전개되
었다. 오언은 노동 강도와 시간을 줄
이고 노동 조건을 개선했으며, 양질의
노동자 주거 단지를 설립하고 노동자
들에게 무상 교육을 실시했다. 이러한

오언주의 지지자의 공
장 디자인

오언의 활동은 이후 '오언주의'로 발전했으며, 오언은 오언주의
지지자들과 함께 1830년대부터 '그랜드 내셔널'이라 불리는 '전
국 노동조합 대연합Grand National Consolidated Trade Union', '로치데일 공
정 개척자 조합Rochdale Society of Equitable Pioneers'을 조직하면서 자신이
구상하는 사회주의의 실현을 꾸준히 시도했다. 프랑스에서도 생
시몽과 푸리에 같은 지식인들이 산업 자본주의의 문제를 제기하
면서 동시에 사회주의적 대안의 초기 형태들을 주장했다. 이러한
당시 유럽의 사회주의 사상을 뿌리로 하여 마르크스와 엥겔스는
공산주의자 동맹 건설 1년 후 발표한 〈공산당 선언〉을 완성했다.

생시몽

1850년대 이후 유럽 국가들은 '민주주의'로써 정치 혁명을 마
감하지는 못했는데, 그 이유는 부르주아 자본가 계급이 새롭게
부상하는 도전 세력인 노동자 계급 중심의 사회주의자들을 좌시
할 수 없었기 때문이다. 그들은 엘리트 중심의 대의제에 기초한
의회정치를 더욱 강화하면서 노동자 계급과 사회주의 세력의 정
치 세력화를 철저히 봉쇄하려 했다. 그러나 수적으로 늘어났을

푸리에

뿐만 아니라 사실상 자본주의 이윤 생산의 핵심인 노동자 계급이 사회주의 사상과 만나면서, 부르주아 계급 중심의 의회 민주주의 정치는 부르주아를 전복시키려는 커다랗고 장기적인 새로운 위협에 직면하기 시작했다.

1864년 마르크스와 엥겔스가 주도적으로 참여한 '국제노동자협회International Working Men's Association'의 창설을 필두로 유럽 각국에서 노동자 계급 정당들이 만들어지기 시작했다. 독일에서는 1869년에 독일 사회민주노동당이 창당되고, 1875년에는 현재의 독일 사회민주당(1890년 개명)의 전신인 독일 사회주의노동당이 세워졌다. 영국에서도 1867년에 제도화된 도시 남성 참정권(1884년에는 남성 농민으로 확대)과 함께 노동자 계급의 정치 참여가 급속히 늘어나 1881년 사회민주연맹, 1884년 페이비언 협회Fabian Society, 1888년 스코틀랜드 노동당, 1896년 독립노동당이 각각 만들어졌고, 다시 끝의 세 단체와 65개의 노동조합이 참여하여 1900년 '노동자대표위원회Labour Representative Committee, LRC'가 만들어졌다. 노동자대표위원회는 1906년에 여덟 살 때부터 탄광 노동을 했던 제임스 하디를 초대 당 대표로 한 노동당으로 발전했다. 프랑스에서도 1902년 만들어진 쥘 게드의 '프랑스의 사회당Parti Socialiste de France'과 장 조레스의 '프랑스 사회당Parti Socialiste Français'이 통합하여 1905년 '노동자인터내셔널 프랑스 지부Section Française de l'Internationale Ouvrière, SFIO'가 되었고, 1969년에 현재의 '사

하디

게드

회당_{Parti Socialiste, PS}'으로 발전했다. 이탈리아의 경우, 사회당이 1892년에 만들어졌고, 안토니오 그람시가 주도한 '이탈리아 공산당' 또한 1921년에 만들어졌다. 당대의 모든 사회주의 지식인들의 예측을 깨고 최초의 사회주의 혁명이 발생한 러시아에서도 1898년에 '러시아 사회민주노동당_{Российская социал-демократическая рабочая партия, РСДРП}'이 만들어졌다.

그람시

유럽의 사회주의 정당들은 때로는 치열한 당내 갈등을 겪었지만, 때로는 분파 간 연합이나 정당 간 통합으로 선거에서 부르주아 세력들과 맞서며 의회정치에서 세력을 확장해나갔다. 다른 한편으로, 사회주의 정당들은 부르주아 의회정치를 전복하고 새로운 노동자 계급 중심의 정치를 실현하기 위해 급진적 대중 봉기를 기획했다. 러시아혁명은 대표적인 성공 사례이다.

하지만 1918년 독일혁명에서 드러난 것처럼 독일 사회민주당에서는 조금은 다른 이야기가 펼쳐졌다. 독일혁명은 1차대전에서 독일의 패색이 짙어갔던 1918년 가을에 독일 수병들의 봉기로 시작되었다. 바이에른 지역에서는 노동자와 병사들이 중심이 되어 평의회를 조직하고 사회주의 공화국을 선포하기도 했다. 하지만 무장 봉기를 반대해왔던 사회민주당은 임시정부와 새로운 공화국의 집권 세력이 되고 나자, 그 어떤 부르주아 정치 세력보다 더 확고하게 의회정치를 지키려 했다. 사회민주당은 당의 보수화와 1차대전 참전에 반대해 탈당한 로자 룩셈부르크와 카를

1913년 5월 파리의 프레 생 제르베에서 연설하는 장 조레스

유럽의 사회주의 정당들은 때로는 치열한 당내 갈등을 겪었지만, 때로는 분파 간 연합이나 정당 간 통합으로 선거에서 부르주아 세력들과 맞서며 의회정치에서 세력을 확장해나갔다. 다른 한편으로, 사회주의 정당들은 부르주아 의회정치를 전복하고 새로운 노동자 계급 중심의 정치를 실현하기 위해 급진적 대중 봉기를 기획했다.

사회주의 운동과 결합한 유럽의 노동자 계급은 기존 '시민'들 사이의 선거 공학이나 의회정치 메커니즘에 머물러 있던 민주주의를 정치적 평등은 물론 임금 인상, 노동 조건 개선 및 노동조합 활동의 자유, 토지 국유화 및 공장의 공동 소유·경영과 같은 사회경제적 민주주의로 재해석해나갔다.

리프크네히트 등 당내 급진파들이 조직한 '스파르타쿠스단Spartakusbund'이 무장 봉기를 일으켰을 때, 혹독한 탄압으로 대응했다. 당시 부르주아 엘리트 중심의 대의제 의회 민주주의는 한편으로는 자본주의와 자유주의의 타협의 산물이었지만, 다른 한편으로는 그 어떤 급진적인 도전으로부터도 자본주의와 자유주의를 지키는 최후의 보루였던 것이다.

룩셈부르크

'공적 영역에서의 의사 결정을 위한 모든 시민의 자유롭고 평등한 정치 참여' 혹은 '사적 소유권의 보호를 위한 자유로운 개인들의 주권적 권위에 대한 사회적 계약'이라는 고대와 근대적 가치 수준에 머물러 있던 민주주의는 이제 큰 전환기를 맞이했다. 그 '시민'과 '개인'이 누구인지를 물음으로써, 사적 소유권의 보호가 극단적으로 이뤄진 자본주의를 향한 근본적인 문제 제기가 이루어진 것이다.

리프크네히트

지식인 중심으로 시작된 사회주의 운동과 결합한 유럽의 노동자 계급은 기존 '시민'들 사이의 선거 공학이나 의회정치 메커니즘에 머물러 있던 민주주의를 정치적 평등은 물론 임금 인상, 노동 조건 개선 및 노동조합 활동의 자유, 토지 국유화 및 공장의 공동 소유·경영과 같은 사회경제적 민주주의substantive democracy(실질적 민주주의)로 재해석해나갔다. 또한 그들은 민주주의의 정치적 주체인 '시민'을 '인간'과 '보편성'이라는 이름 아래, 사적 소유 재산을 가지고 있고 그 재산으로 세금을 내고 결국 그 세금으

로 국가를 이용해 사적 소유 재산을 유지하려 하는 소수의 '부르
주아 시민'이 아니라, 정치 참여가 제한되었던 노동자 계급, 농
민, 빈민, 여성 등 모든 사회 구성원들로 확장시켜나갔다. 나아가
당시 마르크스의 사회주의 사상이 주도하던 노동자 계급의 정치
투쟁은 부르주아 의회 민주주의 내에서의 의석 확보 등 체제 내
점진적 정치 개혁에 안주하지 않았다. 부르주아 의회 민주주의가
노동자 계급과 적대적일 수밖에 없고 그것을 통해서는 자본주의
의 문제를 극복할 수 없다는 판단 아래 그러한 한계를 극복하고
실질적 민주주의를 실현하려는 계급 독재로서의 노동자 계급 민
주주의(혹은 프롤레타리아 독재)를 강조하기 시작했다.

　민주주의에 대한 노동자 계급 중심의 이런 급진적 · 전복적 전
환의 계기는 1871년에 프랑스 파리에서 3개월 동안 노동자 계급
중심의 인민 자치 정부로서 존속했던 '파리코뮌Paris Commune'이었
다. 1차대전의 전초전이 된 보불전쟁은 1870년 프랑스의 나폴레

비스마르크와 나폴레
옹 3세

옹 3세가 프로이센에 선전포고를 하
며 시작되었다. 전황은 처음부터 프
로이센의 일방적인 우세였고, 개전
후 2개월도 채 안 된 9월 2일에 결국
나폴레옹 3세가 항복을 선언했다. 그
러나 파리 시민들은 항복의 책임을
물어 황제 나폴레옹 3세를 폐위하고

제3공화국을 선포했고, 국민방위군을 조직해서 프로이센에 대한 결사 항쟁을 지속했다. 그러나 1871년 1월 28일 파리 시민들도 항복할 수밖에 없었고 보불전쟁은 막을 내렸다. 이후 프랑스는 프로이센과의 평화 조약을 체결하기 위해 국민의회를 소집했는데, 다수인 왕당파가 굴욕적인 조약을 체결하고 왕정복고를 꾀하면서 2월 선거에서 압승하게 되었다. 하지만 공화파가 장악한 파리에서는 이에 반기를 든 노동자 중심의 시민들이 3월 26일 독자적으로 재선거를 치렀는데, 여기서 혁명파가 승리하면서 파리코뮌을 구성했다. 비록 파리코뮌은 3개월 후 정부군의 무자비한 진압으로 2만여 명의 학살과 함께 막을 내렸으나, 노동자 계급이 권력의 전면에 부상해 자코뱅파, 프루동파 등 급진주의 정치 세력들이 함께 협력하며 사회주의적 이상을 실험하고자 한 최초의 정치 사건이었다. 마르크스와 엥겔스가 파리코뮌을 목격한 후 '프롤레타리아 독재'를 공산주의를 향한 혁명적 정치 형태로 제시할 정도로 파리코뮌은 이후 민주주의와 사회주의를 결합시키는 중요한 역사적 변별점이었다.

　민주주의의 주체로서의 '근대적 시민'을 부르주아의 품에서 해방시킨 19세기 말의 사회주의 운동은 그 운동의 이념과 가치의 긍정성에도 불구하고 시민을 다시 '시민=계급=당=국가'로 보는 오류를 범했다. 결국 사회주의 운동은 민주주의가 강조하는 평등한 인간들의 '자유로운' 참여와 다양한 토론을 제한하자 쇠락의 민주주의의 주체로서의 '근대적 시민'을 부르주아의 품에서 해방시킨 19세기 말의 사회주의 운동은 그 운동의 이념과 가치의 긍정성에도 불구하고 시민을 다시 '시민=계급=당=국가'로 보는 오류를 범했다.

길에 들어서게 되었다. 민주주의와 사회주의의 결합에 대한 근대적 실험은 결국 민주주의를 사회주의적 이념의 실현을 위한 일종의 변형 가능한 전술이자 정치 정당화를 위한 담론적 도구로 전락시키는 것으로 일단락되었던 것이다.

부르주아 민주주의와 정당정치의 한계

근대 서구 부르주아 민주주의는 사실상 부르주아 민주주의 권력에 도전하는 새로운 권력의 탄생을 제지하기 위한 제도화의 과정이었다 해도 과언이 아닐 것이다. 이는 현대 정당정치로 대표되는 대의 민주주의로 이어지며 보다 세련되어졌다. 그러나 정당정치 안에 모든 민주적 정치 테제를 욱여넣은 오늘날의 축소된 정치는 많은 문제점을 안고 있다. 그중 몇 가지를 지적하고자 한다.

주목할 것은 대의 민주주의라는 제도에 요구되는 대표와 합의를 위해 경과되는 시간 속에서 필연적으로 '정당정치의 희생자'가 발생한다는 사실이다. 인민의 모든 갈등들이 직접적인 대립을 통해서가 아니라 정당의 중재적 역할로 환원될 경우, 정당들이 갈등의 우선순위를 정하기 위해 협의하는 과정에서 필연적으로 발생하는 사회적 희생은 어떻게 보상할 것인가? 나아가 기존 정당들이 의회 내에서 합의한 갈등의 우선순위와 해결 방법들은 모두 신뢰할 만한 것인가? 역사·사회적 유산에 의해 갈등의 징후에 대한 인식과 대응의 어려움으로 지체되는 시간을 고려하지 않는다고 가정하고, 모든 인민과 정당들이 도덕적이고 합리적이라고 가정한다 해도, 정당정치의 '대의성'의 작동을 위해서는 선거, 토론, 입법, 정책 시행 등을 위한 절대적 시간이 필요하다. 시간은 모든 것을 정지시켜놓지 않는다. 지금 이 시간에도 가정 내 폭력으로 살해당하거나 죽음보다 못한 삶을 살아가는 아동과 여성들이 존재한다. 고액의 은행 빚과 등록금, 심각한 고용 문제, 경쟁적 교육 등으로 스스로의 목숨을 끊는 사람들의 수는 세계 1위를 기록하고 있다. 장애인, 노숙인, 빈곤층 독거노인과 청소년 가장, 고액 중증 환자들은 여전히 인권의 사각지대에 놓여 있으며, 재개발에 따른 갈등의 '사회화'는 오히려 정당정치가 방치하고 있다. 유권자도 아닌 이주 노동자들의 현실은 말할 것도 없다. 이들의 삶과 존재는 정지되어 있지 않으며, 정당 간에 바람직한 합의가 이뤄지고 예산과 정책이 집행되는 기나긴 시간 동안 기다릴 만한 상태도 아니다. 어쩌면 시간의 희생자들을 위해서는 '바람직한' 대책을 마련한 새로운 정당이 출현하여 이 정당이 의회 내 합의를 도출할 수 있을 정도의 정치적 세력화를 기다리는 시간보다, 기존 정당 중에서 보다 자유주의적이고 보다 진보적인 정당이 그러한 의제 혹은 갈등을 사회화하고 정치적으로 해결하기를 기다리는 시간이 더 짧을지도 모른다. 시간의 흐름에 대해 생각하지 않는다면, 인식되지 않은 저들의 갈등이 그 징후에 대한 인식과 대응을 통해 기존 정당정치 질서로 환원되고 기존 갈등과 치환되어 바람직한 정당들의 효과적인 역할로 저들의 문제가 해결될 수 있도록 기다릴 수 있다. 적어도 그럴 수만 있다면, 저들의 존재가 만들어낸 징후와 자신을 동일화하고 연민을 느끼는 유권자들이 정당에 압력을 행사하는 몇 달 혹은 몇 년의 시간을 보낼 수 있을지도 모른다. 그러나 시간의 흐름과 상황의 변화(악화가 아니길 바랄 뿐이다)는 절대적이며 필연적이다. 그런 정당정치의 시간이 흐르는 동안 어쩌면 어떤 이들은 가정 폭력으로, 어떤 이들은 카드 빚으로, 어떤 이들은 고용난으로, 어떤 이들은 보살핌을 받지 못해서, 어떤 이들은 의료기술은 존재하나 치료비가 없어서, 어떤 이들은 한국 국적이 없어서, 맞아 죽거나, 자살하거나, 얼어 죽거나, 병사하거나, 추방당하면서 시간의 한계를 넘어 어떠한 인식과 대응도 필요하지 않은 세계로 떠날 것이다.

……

과거 농경 사회에서 농사와 관련된 절기마다의 세시풍속이 사람들의 일상생활과 윤리를 지배하는 중요한 패러다임이었듯이, 오늘날 정해진 시기마다 치러지는 선거 일정은 유권자들의 일상생활과 윤리를 지배하고 있다. 그리고 그 선거는 정당을 중심으로 가능한 규모와 절차로 진행되고 있다. 일상의 모든 행위는 그 행위들이 일상을 규정하는 법과 윤리를 넘어서는 급진적 형태를 띨지라도, 마치 농사가 절기를 벗어날 수 없듯이, 선거와 정당정치로 회귀되고 거기에 안주해버린다. 모든 저항은 고행의 사순절을 위한 사육제Carnival가 되어버렸고, 사육제의 모든 급진적이고 열정적인 행위들은 선거라는 사순절이 다가오면 윤리적·법적 순응으로 빠르게 전환된다.

해방의 논리가 삭제되고 정당의 절대성만이 강조되는 현대 '한국' 정치는, 마치 서구 중세

가톨릭 농경 사회에서 다른 모든 것은 이교도Pagan와 마녀로 간주되고 오로지 인정되는 것은 사순절로의 순종을 전제로 한 사육제 공간에서의 행위였듯이, 다른 모든 것의 '탈정당정치화'를 염려하고 있다.

그러나 우리가 염려해야 할 것은 정당정치를 벗어나려는 현실의 여러 정치 행태들이 아니라, 정당이라는 틀에 담길 수 없는 수많은 정치적 갈등과 요구들을 그 틀에 가두려는 전체주의적 경향이다. 정당은 그리스 신화 속 '프로크루스테스의 침대'가 아니다. 정치는 정당이라는 침대 크기에 맞춰 줄이거나 늘일 수 있는 것이 아니며, 오히려 정치의 생명은 침대 밖에 있을 것이다. 정치, 적어도 정당을 중심으로 전개되는 한국 정치가 그 위기를 극복하기 위해서는 단지 정당의 개혁이 아니라, 정당정치의 신학적 권리를 포기하는 것부터 시작해서 정당정치의 희생양의 절규를 직접 듣고 스스로 정당정치의 프레임을 벗어나는 정당의 '해방' 논리의 수용으로 나아가야 할 것이다.*

---

* 이승원, 〈현대 정치의 '주체', '공간', 그리고 민주주의 : 최장집의 '정당민주주의'에 대한 비판적 고찰을 기반으로〉, 김정한 엮음, 《최장집의 한국 민주주의론》(소명출판, 2013), 87~92쪽.

3장

현대 민주주의

제국주의의 출현과 1차대전, 민주주의의 토양을 바꾸다

17세기 종교개혁과 함께 시작된 유럽의 정치적 격변은 천 년을 이어온 가톨릭 권위의 쇠락, 절대왕권의 붕괴, 그리고 부르주아 자본가 계급의 정치적 부상으로 이어졌다. 철학, 종교, 윤리에서 부터 정치, 경제, 과학에 이르기까지 중세의 모든 구질서를 전복 하고 새로운 근대적 질서를 구성하는 엄청난 지각변동이 19세 기 말까지 지식인, 정치 세력, 신흥 부르주아, 농민, 빈민, 신흥 노 동자 계급 등 모든 사회 계층들의 분출과 소멸 속에서 약 300년 간 이어졌다. 17세기 중엽의 청교도혁명, 그리고 30년 전쟁과 함 께 서서히 끓어오르기 시작한 이 과정은 1789년 프랑스혁명으 로 절정에 다다랐으며, 1848년 유럽 혁명과 빈 체제 몰락, 그리고 1871년 보불전쟁으로 대단원의 문턱에 들어섰다.

이 과정에서 민주주의는 자유주의 혹은 사회주의와 결합하고, 프로테스탄트, 신흥 부르주아, 급진적 지식인, 노동자 계급 등과 만나면서, 때로는 당면한 권위와 질서를 전복하는 급진적 호명

이데올로기가 인간 개개인을 주체화하는 과정. 프랑스 철학자 루이 알튀세르에 의해 발전된 용어이다. 국가기구가 구체적인 상황에서 개인을 특정 방식으로 '호명'하면, 개인이 그 호명에 따라 자신의 정체성을 인정하고, 주체성으로 받아들이게 된다는 것이다. 호명 이론은 주체가 권력에 순응하는 과정에 대한 적절한 설명일 수 있지만, 개인이 호명에 대해 부정하거나 저항하는 방식으로도 자신의 주체성을 만들어갈 수 있음을 고려하지 못했다는 평가를 받기도 한다.

---

interpellation으로, 때로는 새로운 질서를 구성하기 위해 법의 질서와 시민의 자격을 결정하는 보수적 원칙으로 기능했다. 그러나 대단원의 막 앞에서 민주주의를 기다린 것은 불행히도 제국주의와 1차대전이었다. 또한 민주주의가 그 어두운 장막을 들추었을 때 나타난 예상치 못한 괴물은 바로 파시즘이란 가면을 쓴 민주주의 자신이었다. 민주주의의 측면에서 이 장기적인 전복과 구성의 과정을 볼 때, 그 핵심에는 민주주의의 주체인 '어떤 시민'을 누가 어떻게 그리고 왜 인정 혹은 부정하는가의 문제가 있었다. 그리고 어떤 '공공선'을 내세우는가를 통해 구질서의 전복과 신질서의 구성에 대한 윤리적 명분이 만들어졌다.

프랑스의 나폴레옹 1세에 의한 정복 전쟁이 근대의 마지막 정복 전쟁으로 끝날 무렵 영국은 '해가 지지 않는 나라', 즉 강력한 절대주의 국가로서 절정에 이르러 있었고, 독일은 보불전쟁을 승리로 이끈 프로이센을 중심으로 철혈재상 비스마르크의 통치에 의해 급부상했으나, 비스마르크 실각 이후 빌헬름 2세의 팽창주의 정책을 통해 제국주의를 확대했다. 이후 더 이상 서로의 생산과 소비 시장이 될 수 없는 상황에서 유럽 열강들은 자본주의라는 새로운 경제체제를 유지하기 위해 아프리카와 아시아에서 식민지를 확보해갔다.

19세기 말부터 유럽 열강들 사이의 제국주의적 팽창 경쟁이 심각해지면서 그들의 식민지로 전락해버린 일부 아프리카와 아

비스마르크

시아 국가들은 제국주의 국가들의 억압적 수탈과 지배로 정치적 주권을 박탈당하게 되었고, 식민지 인민들은 자국의 전통적 지배 세력과 제국주의를 통해 정치, 경제, 사회 등 전 영역에서 이중 수탈을 받게 되었다.

19세기에 제국주의 국가들은 식민지를 자신들의 영구적인 생산 기지로 만들기 위해 근대화를 표방하면서 자본주의적 체제와 그에 맞는 통치 형태, 그리고 전통적 생산 기술에 익숙한 식민지 인민들을 자본주의적 노동자로 개조하기 위한 일정한 교육 프로그램을 이식했지만, 식민지 인민들에게는 그것이 어떤 근대적 발전과 이익을 제공하지 못한 채 그들의 전통적 가치와 질서, 그리고 자율적인 삶을 파괴하는 과정일 뿐이었다. 점차 식민지 인민들에게 민주주의는 전통적인 구체제에 대한 저항이면서 제국주의로부터의 독립과 해방을 가져오는 것으로 여겨져, 반제국주의 운동의 상징으로 다가왔다.

유럽 열강들의 갈등과 대립의 공간이 식민지로 옮겨지는 듯했으나, 발칸전쟁(1912~1913)을 계기로 열강들 사이의 적대감이 고조된 상황에서 1914년 6월 28일 오스트리아 제국의 황태자 페르디난트 대공 부부가 보스니아의 사라예보에서 암살당하는 사건이 일어나 결국 1차대전의 방아쇠를 당겼다. 당시 독일, 오스트리아, 이탈리아는 '3국 동맹'을 맺고 영국, 프랑스, 러시아는 '3국 협상'을 체결하여 서로의 체제를 견제하고 있었다. 암살 사건

페르디난트 대공 부부
를 암살한 세르비아 청
년이 체포되는 모습

직후 오스트리아가 세르비아에 선전포고를 하자 세르비아를 지
원하던 러시아가 이에 맞서 총동원령을 내렸고, 이에 독일이 러
시아에 선전포고를 하자 연쇄적으로 3국 동맹과 3국 협상 국가
들이 상대를 향해 선전포고를 하면서 1차대전이 시작된 것이다.
1914년 시작되어 1918년 11월 11일 독일의 항복으로 끝난 1차
대전은 약 6,300만 명의 병력이 동원되고 약 850만 명의 사망자
를 포함해 약 3,000만 명의 희생자를 낸 인류사의 비극이었다. 이
비극은 이후 유럽 사회에 엄청난 변화를 가져왔으며, 유럽의 민
주주의는 새로운 전환점을 맞이하게 되었다.

　무엇보다 2차대전이 '파시즘으로부터의 자유 민주주의 수호'
라는 대의명분과 함께 전개된 것과 달리, 1차대전은 명분 없는

대단원의 막 앞에서 민주주의를 기다린 것은 불행히도 제국주의와 1차대
전이었다. 또한 민주주의가 그 어두운 장막을 들추었을 때 나타난 예상치
못한 괴물은 바로 파시즘이란 가면을 쓴 민주주의 자신이었다.

전쟁이었다. 그렇다 보니 참전국들은 어제의 적이 오늘의 동지
가 되기도 했고, 이해관계가 맞지 않으면 전쟁에서 빠지기도 했
다. 1917년 러시아혁명 직후 정권을 장악한 볼셰비키('다수파'라
는 뜻) 사회주의 세력은 1918년 3월 독일과 '브레스트-리토프스
크 조약'을 비밀리에 체결한 후 전쟁에서 빠져나갔다. 동맹국의
하나였던 이탈리아는 처음부터 참전하지 않았으며, 오히려 종전
직전 연합국 쪽에 가담했다. 독일이 자기 편이라 믿었던 일본조
차 동아시아 내에서의 패권 보장 및 전시 경제적 이익을 위해 연
합국 쪽에 가담해, 중국 산둥성 지방 칭다오 등에 있던 독일군을
공격했다.
　생각지도 못한 명분 없는 전쟁이 지루한 참호전을 시작으로 장
기전으로 흐르면서 전쟁은 점차 참전 국가의 모든 국민이 동원
되는 총력전으로 바뀌었다. 전쟁이 장기전으로 가면서 더 많은
무기와 군수물자가 필요했고, 얼마나 더 많은 무기와 군수물자를
얼마나 더 빠르게 생산해내는가도 전쟁의 승패를 가르는 중요한
조건이 되었다. 결국 총력전은 전선을 군사적 대립 지점을 넘어
참전국 전 사회로 확대시키면서 참전국 사회에 큰 변화를 가져
왔다. 무엇보다 정부의 통치력이 강화되었다. 전시 정부들은 국
가 차원에서 징병을 시작했고, 식량 공급은 물론 물가, 임금, 공공
재 사용료 등에 대한 통제, 수출입 통제 및 군수물자 생산을 위한
교통과 주요 산업의 중앙 통제, 즉 일정한 국유화도 추진해나갔

다. 전시 정부는 모든 사회경제적 제도를 승전을 위한 계획에 맞추며 사회를 통제해나갔다.

이런 과정에서 대부분의 성인 남자가 전쟁에 동원되었고, 이로 인한 공장의 빈자리가 여자들로 대체되면서 여성의 사회적 역할이 높이 평가되기 시작했다. 또한 대부분의 남자는 군인으로, 그리고 남아 있는 남녀는 노동자로 총력전에 동원되면서 상대적으로 실업률이 급감하는 현상까지 나타나게 되었다.

이러한 변화들은 전후 민주주의가 발전하는 조건이 되었다. 전후에 여자들은 다시 전통적인 역할과 위치로 돌아가기보다 여성 참정권 보장을 중심으로 전시 이후 높아진 자신들의 사회적 위치를 유지 · 향상시키려 했으며, 노동 계급의 사회적 지위가 오르면서 전후 정치는 보다 민주적으로 바뀌어나가기 시작했다.

파시즘과 냉전, 민주주의의
새로운 변형을 시작하다

1차대전은 대의명분 없이 시작되었을 뿐만 아니라, 승리의 환호 없이 끝났다. 승전국들은 악을 물리치고 선을 지켰다는 기쁨보다 전쟁의 상처로 악화된 자국의 현실에 힘들어했다. 러시아는 많은 영토를 잃었고, 프랑스는 보불전쟁에서 패한 자존심을 회복한 것 이외에 어떤 이득도 얻지 못했다. 미국 윌슨 대통령의 '민족자결주의'가 식민지의 독립을 보장하는 듯했으나 승전국의 식민지는 해당되지 않았으며, 패전국의 식민지도 사실상 승전국의 신탁 보호로 재편입되었을 뿐이었다. 뒤늦게 연합국에 참여한 이탈리아에서는 보장된 이익이 주어지지 않자 불만이 높아졌으며, 오스트리아 제국은 공중분해 되어 인구 700만도 채 안 되는 소규모 국가로 전락했다. 무엇보다 1919년 베르사유 평화조약을 통해 막대한 배상 책임을 떠안았음은 물론 영토 축소, 치안 유지 수준으로의 군축 등 모든 것을 잃게 된 독일은 자신의 쓰디쓴 쓸개를 울며 삼켜야만 했다.

민족자결주의

문자 그대로, 전 세계의 모든 민족은 정치적 운명과 삶의 양식을 다른 민족이나 외세의 간섭 없이 스스로 결정할 권리가 있으며, 국제사회는 이 결정을 인정해야 한다는 민족 자결의 사상이다. 1918년에 미국의 윌슨 대통령이 제창했고, 식민지 국가의 독립운동에 많은 영향을 끼쳤다.

모든 국가와 인민에게 커다란 패배감과 불만을 안겨준 1차대전은 처음에는 전시戰時 효과를 통해 민주주의를 발전시키는 듯했으나, 결국 얼마 지나지 않아 생각지 못한 괴물, 즉 어떤 합리적 판단도 불가능하고 자신 이외에는 어떤 것도 모두 제거해야 하는, 좀비와도 같은 최악의 변종 민주주의, 파시즘을 배양했다.

물론 1차대전은 전후 유럽 사회에 공화정을 중심으로 한 민주적 체제를 확산시키는 긍정적인 계기가 되었다. 전쟁 기간 중이던 1917년에 일어난 러시아혁명은 이를 더욱 촉진했다. 독일에서는 제2제국이 붕괴되고 새로운 바이마르 공화국이 출범했으며, 오스트리아-헝가리 이중 제국도 종전 이후 여러 개의 공화국으로 나눠지게 되었다. 터키 제국도 패전 책임을 지며 영토가 축소되고 터키 공화국으로 재편되었다.

그뿐만 아니라 전시에 여성 노동자를 포함한 노동 계급의 수가 증가하면서 유럽 여러 나라에서 보통선거가 실시되었고, 이로 인해 각국에서 노동 계급의 이해를 대변하는 진보적 정당들이 정치적으로 급부상하게 되었다. 독일과 오스트리아에서는 1919년에, 미국에서는 1920년에 모든 성인에게 보통선거권이 주어졌다. 영국에서는 1918년에 21세 이상 남성과 30세 이상 여성에게 차별적인 보통선거권이 주어졌다가, 1928년에 21세 이상 모든 성인의 보통선거권이 인정되었다. 이를 토대로 영국 노동당이 급부상해 1924년에는 자유당과 연립내각을 구성했고, 1929년에는 모든 국가와 인민에게 커다란 패배감과 불만을 안겨준 1차대전은 처음에는 전시戰時 효과를 통해 민주주의를 발전시키는 듯했으나, 결국 얼마 지나지 않아 생각지 못한 괴물, 즉 어떤 합리적 판단도 불가능하고 자신 이외에는 어떤 것도 모두 제거해야 하는 최악의 변종 민주주의, 파시즘을 배양했다.

제1당이 되었다. 프랑스는 비록 짧은 기간이긴 했지만, 1924년과 1936년에 각각 좌파 연립 정권과 '인민전선Front Populaire'을 수립할 수 있었다. 종전의 결과로 정치적 자치권을 확보한 일부 식민지 국가들도 이 시기에 보통선거를 실시하는 등 제도적 민주화를 추진했다.

독일의 경우는 특별했고 반동적이었다. 사회주의 운동의 중심지였던 독일에서는 사회민주당이 지속적으로 성장해 전시 제국의회 시절에도 의회를 장악하고 있었다. 하지만 패전 후 보수 우익의 테러가 발생하는 등 사회민주당은 곤경에 빠졌다. 종전 직후에도 사회민주당은 의회를 책임지고 있었다. 그러나 한편으로는 로자 룩셈부르크 등 전시에 반전反戰 노선을 취했던 당내 세력들이 사회민주당을 이탈했고, 다른 한편으로는 1933년 2월 '독일 국회의사당 화재 사건'을 계기로 히틀러의 '국가 사회주의 독일노동자당'Nationalsozialistische Deutsche Arbeiterpartei'(일명 '나치Nazi')이 3월 선거에서 압승하면서 사회민주당이 엄청난 탄압을 받게 되었다. 이후 히틀러의 나치는 대공황과 정치적 혼란을 틈타 파시즘적 독재를 하게 되었다. 패전 후 군부와 보수 세력은 물론 많은 독일인들이 패전의 원인을 독일 내 사회주의 혹은 좌파 세력의 '반애국적' 활동에서 찾으려 했다. 그들은 전시에 반전운동을 일으킨 사회주의 세력이 독일 수병들을 부추겨 항명 봉기를 일으키게 했고, 이 때문에 독일군의 사기가 떨어져 결국 패배했다고 믿고

히틀러

자국 이기주의

국제 관계에서 인도주의나 평화주의 같은 보편적인 가치보다 철저히 자국의 이익을 중심으로 외교정책을 추진해나가는 것. 대표적인 예로 높은 관세와 각종 규제를 통한 보호무역, 독자적인 핵무기 개발 등을 들 수 있다. 정치적 혼란이나 경제 위기를 극복하기 위해 전쟁을 일으키는 것도 극단적인 자국 이기주의이다. 국가 간 환경 분쟁, 지적 소유권과 특허권, 이주노동자 관련 문제 등 여러 분야에서 나타난다.

싶었던 것이다. 패배감에 고통받던 독일인들은 바로 이런 주장을 앞세운 히틀러와 나치를 지지하기 시작했다. 1933년 1월 총리가 된 히틀러는 의회 해산 뒤 일당독재 체제를 수립했고, 이듬해에 대통령 힌덴부르크가 죽자 스스로 총통 자리에 올라 파시스트 군국주의에 기반을 둔 제3제국을 강화하기 시작했다.

이탈리아도 독일과 유사한 경로를 보였다. 전후 이탈리아에서는 노동 계급을 중심으로 사회주의 혁명 분위기가 고조되었다. 1919년 이탈리아 북부 지방에서 노동자들의 투쟁과 새로운 실험들이 확산되었고 남부 농업 지역으로도 분위기가 전파되었다. 그러나 이탈리아는 이러한 계급투쟁의 분위기에서 출발했음에도, 당시 군벌, 지주와 자본가는 물론 연합국 측 참전국으로서의 전후 결과에 불만이 많았던 보수적 중산층이 국가주의를 주창하는 무솔리니의 '국가 파시스트당Partito Nazionale Fascista'을 지지하면서, 파시스트 국가로 급격히 전환되었다. 독일과 이탈리아에서 파시즘이 출현한 이유는 자국 내 정치적 상황만이 아니라, 새로운 자본주의 경쟁 체제 속에서 유럽 국가들 사이에 퍼져 있던 '자국 이기주의'에서도 찾을 수 있을 것이다. 독일, 아니 독일인들에게 엄청난 고통을 짊어지운 베르사유 조약이 일례일 수 있다.

무솔리니

독일과 이탈리아의 이러한 전체주의적 반동화는 인근 스페인에도 엄청난 영향을 끼쳤다. 1873년 혁명적 분위기 속에서 공화주의자들에 의해 출범한 스페인 제1공화국이 2년 후 왕정복고로 무너진 후 한동안 스페인의 경제 발전과 민주화는 침체되었다. 그러나 1931년 군부에 의해 왕정이 무너지고 제2공화국이 수립된 이후 1936년 선거에서는 진보적 좌익 정당들이 '인민전선Fronte Popular'을 결성하여 인민전선 정부를 수립했다. 하지만 프랑코 장군의 군부가 쿠데타를 일으키면서 스페인 내전(1936~1939)이 시작됐고, 쿠데타 세력이 내전에서 승리한 이후 스페인은 독재자 프랑코가 죽고(1975) 입헌군주제로 바뀔 때까지 민주주의의 암흑기에 빠지게 되었다. 당시 프랑코의 쿠데타 세력이 스페인 내전에서 승리할 수 있었던 것은 내전이 교착 상태에 빠져 있던 1937년에 프랑코가 정부군의 핵심 지역 중 하나였던 바스크 지방의 작은 마을 게르니카를 대대적으로 폭격했기 때문이었다. 히틀러의 독일과 무솔리니의 이탈리아가 이 폭격을 지원했다.

파시즘은 무솔리니가 만든 '이탈리아 전투 파쇼Fasci italiani di combattimento'라는 조직에서 출발했다. 이 조직이 다양한 이념과 정치 경력을 가진 자들로 구성되었던 만큼 여러 세력들이 하나로 뭉친 것을 어원상 '하나의 묶음'을 뜻하는 '파쇼'라는 단어로 강조한 것으로 추정되지만 아직까지도 학계에서는 파시즘이 정확히 무엇인지 정의 내리지 못하고 있다. 아니, 그렇다기보다는 시대와 상황에 따라 그것의 의미를 달리 해석한다. 그러나 해석의 차이에도 불구하고 한 가지 공통점이 있다면 파시즘에는 언제나 히틀러와 무솔리니의 전체주의, 군국주의, 그리고 폭력과 학살의

파시즘은 물리적 폭력과 공포에 앞서, 전체주의가 공동체의 부흥과 개인의
완전한 자아실현을 가져온다는 환상으로 대중을 동원한다. 독재자의 강제
와 대중의 욕망이 일치되는 지점에 파시즘이 있다. 독재자의 언술이 '우리'
가 된 대중들 사이에서 '공공선'으로 받아들여질 때 파시즘이 시작된다.

이미지가 정확히 겹쳐진다는 것이다. 무엇보다 파시즘은 전체주
의적 특징을 띤다. 그런데 파시즘은 물리적 폭력과 공포에 앞서,
전체주의가 공동체의 부흥과 개인의 완전한 자아실현을 가져온
다는 환상으로 대중을 동원한다. 독재자의 강제와 대중의 욕망이
일치되는 지점에 파시즘이 있다. 독재자의 언술이 '민족', '인종'
으로 '우리'가 된 대중들 사이에서 '공공선'으로 받아들여질 때 파
시즘이 시작된다.

그러나 '우리'와 '공공선'만으로는 파시즘이 완성될 수 없다. 오
히려 '우리'와 '공공선'은 고대 아테네와 로마의 민주주의와 공화
정에서 핵심이었다. 그러나 아테네와 로마는 파시즘에 빠지지 않
았다. 파시즘의 완성에는 '고통'과 '적'이 필요하다. 1차대전에서
패한 독일의 경우 민족적 자존심의 훼손, 외교적 고립, 막대한 손
해배상과 경제공황 등 독일 국민이 감당해야 하는 고통은 엄청
났다. 독일인들에게 연합국은 적이었고, 자신들의 고통을 이겨내
기 위해서는 적을 제거해야만 했다. 경제공황의 원인도 자신들의
무능력이나 패전이 아니라 유태인들 탓이어야 했다. 적을 제거하
고 독일이 부활하려면 독일인이 위대한 게르만족 아리아인으로
신성화되어야 했다.

이탈리아도 마찬가지였다. 국내적으로는 사회주의 세력이 대
중의 지지를 업고 혁명을 일으킬 기세였다. 정치적 혼란이 이어
졌고 사회는 부흥을 위한 새로운 자극이 필요했다.

무솔리니와 히틀러는 정확히 이런 맥락에서 출현했다. 의회정치와 선거제도가 본격화되고, 대중 선동 기법과 이를 뒷받침하는 기술(마이크, 스피커, 인쇄 기술 등)이 발전하면서 대중들의 정치 참여가 급격히 늘어났다. 그러나 대중의 교육 수준은 그만큼 빠르게 향상되지 못했다. 결국 대중은 파시스트 독재자를 선택했고, 의회와 선거제도의 파산에 오히려 열광했다. 그리고 자신들이 처한 패배적 삶을 극복하고자, 패배와 고통의 원인을 찾기 시작했다. 유태인과 사회주의 세력, 그리고 엄청난 패전 책임을 물린 영국과 프랑스가 바로 그들의 적이었다. 그들은 패배적 삶의 극복이 역사의 회복이며, 파시스트의 임무라 여겼다. 따라서 그들의 임무와 목표는 순결한 절대 선이자 절대 가치였다. 유태인과 사회주의 세력은 순결함을 더럽히는 오염 물질이었다. 오염 물질을 제거하는 폭력은 신성한 폭력이었고, 신성한 폭력을 목격한 사람들은 자신들이 파시즘에서 배제되길 원치 않았다. 폭력은 커질수록 신성해졌고, 신성해질수록 폭력의 중심으로 사람들이 모이기 시작했다. 신성한 폭력 앞에서 고대 그리스식 토론이나 협의란 있을 수 없다. 대중이 민주적 시민이 아니라 오직 순종할 뿐인 신민에 불과하기 때문이다. 자아실현이 완성될 것이라는 대중의 욕망이 그 중심에 있었다.

　　히틀러는 1933년 일당독재 총리가 된 후 베르사유 조약을 짓밟아나갔다. 독일은 징집제와 공군력 강화 등으로 군사력을 전쟁

2차대전 당시 연합국과 싸웠던 독일, 이탈리아, 일본을 중심으로 한 동맹국. 1936년 나치 독일과 파시스트 이탈리아가 동맹을 맺을 때 자신들이 국제 질서의 중심축이 될 것이라 선언한 것을 계기로 추축국이라고 불리게 되었다. 2차대전 전후로 참여국들이 바뀌었다. 스페인은 2차대전 전에는 추축국을 지지했으나 전쟁 때는 중립을 선언하고 참전하지 않았다. 프랑스 비시 정부나 중국의 만주국은 강제로 동원되었기 때문에 주요 3국을 제외하고는 추축국의 범위가 일정하지 않다.

이전 수준으로 회복했고, 1937년에 이탈리아, 일본과 반공反共협정을 맺으면서 '추축국Axis Powers'을 만들었다. 또한 독일은 오스트리아에서 독립한 체코슬로바키아의 영토인 수데텐란트를, 독일의 재군국화를 달래려는 영국과 프랑스의 합의에 따라 합병할 수 있었다. 그러나 독일은 이에 멈추지 않고 폴란드를 넘보기 위해 회랑回廊 지역을 호시탐탐 노렸다. 한편, 이탈리아는 1935년 에티오피아를 침공해서 1936년에 합병해버렸다. 또한 일본은 1931년 조선을 거쳐 중국을 침략해 만주사변滿洲事變을 일으킨 후 본격적인 군국주의와 파시스트 체제로 전환했으며, 1937년에는 '루거우차오盧溝橋 사건'을 조작하면서 중일전쟁을 시작했다. 2개월간 약 30만 명의 난징南京 거주 중국인을 학살한 일본의 난징대학살이 발생한 것도 이때였다.

1938년 발행된 일본 엽서. 아이들이 독일, 이탈리아, 일본의 국기를 높이 흔들고 있고, 상단에 히틀러, 무솔리니, 일본 총리 고노에의 초상이다

결국 독일이 1939년 9월 1일 폴란드를 침공하면서 인류 최대의 비극인 2차대전이 발발했다. 일본은 '대동아공영권大東亞共榮圈'을 주창하면서 중일전쟁을 동남아 지역으로 확산시켜나갔다. 초기 전세는 추축국의 파죽지세였다. 그러나 소련으로 영토를 확장하려던 독일이 레닌그라드 장악에 실패하고 스탈린그라드 전투에서 패하자 전황이 바뀌었다. 이어 1941년 일본의 진주만 공격을 계기로 미국이 본격적으로 연합국에 합류하자 전세는 완전

히로시마에 떨어진 원자폭탄

1945년 8월 6일과 9일에 미국에 의해 히로시마와 나가사키에 원자폭탄이 투하되면서 1945년 8월 15일 일본은 무조건 항복을 선언했다. 이로써 2차대전이라는 파시스트 팽창주의 세력과 자유 민주주의 세력 사이의 일대 전쟁은 파시스트의 몰락과 함께 대단원의 막을 내렸다.

히 역전되었고, 연합국이 노르망디 상륙으로 독일을 점령하자 독일은 히틀러의 자살과 함께 항복을 선언했다. 일본 또한 각 지역의 군사 보급로가 차단되고, 소련이 남하하고 미국이 총공세를 편데다, 결정적으로 1945년 8월 6일과 9일에 미국에 의해 히로시마와 나가사키에 원자폭탄이 투하되면서 1945년 8월 15일 무조건 항복을 선언했다. 이로써 2차대전이라는 파시스트 팽창주의 세력과 자유 민주주의 세력 사이의 일대 전쟁은 파시스트의 몰락과 함께 대단원의 막을 내렸다.

그러나 2차대전에 그런 단순한 대립만 있었던 것은 아니다. 겉으로는 전쟁이 선과 악의 선명한 대결처럼 보였지만, 시간이 흐를수록 참가국 내에서, 특히 연합국 세력 내에서 미묘한 갈등의 기류가 흐르게 되었다. 이것은 1차대전 중이던 1917년에 러시아에서 사회주의 혁명이 성공하고 '소련Union of Soviet Socialist Republics, USSR'이라는 현실 사회주의 국가가 출현했을 때부터 시작되었다.

1차대전 당시 러시아는 국내 혁명을 이유로 독일과 비밀 협상을 하고 연합국에서 빠져나갔다. 사실, 당시 러시아는 혁명 이후 반전 평화 노선을 취했고, 독일만이 아닌 연합국에도 평화 협상을 제안했었다. 하지만 연합국은 전쟁 중인 1918년에 러시아에서 혁명 세력과 보수 세력 사이에 내전이 일어나자 보수 세력에 군사력을 지원하는 등, 독일 팽창주의만큼 러시아의 사회주의 국가 건설도 필사적으로 막으려 했다. 그래서 연합국은 제안을 거

2차대전은 승전국을 포함해 전 세계에 두 가지 과제를 안겨주었다. 하나는 인간이 만들어낸 최대의 비극인 2차대전을 일으킨 파시즘의 재발 가능성을 철저히 막는 것이었고, 다른 하나는 19세기 중반부터 자본주의 체제를 위협한 사회주의 세력의 확장을 봉쇄하는 것이었다.

절했고, 독일은 배상금 지급과 영토 제공 등 러시아에 굴욕적인 요구를 했다. 러시아는 결국 영토를 잃으면서까지 독일의 요구를 받아들이고 협정을 체결했다. 이를 이유로 연합국은 승전 이후 베르사유 회의에서 사회주의 국가인 러시아를 제외했다. 독일이 과거의 적이었다면 러시아는 현재의 적이었다. 따라서 종전 이후에도 영국, 프랑스, 독일 등은 자국 내 사회주의 세력들을 탄압하는 것과 동일한 이유로 공산주의 운동의 확산을 막기 위해 러시아를 국제 관계에서 고립시켜온 터였다.

2차대전 당시에 사회주의 국가 소련의 끈질긴 대독 항전에 자본주의 국가인 다른 나라들이 처음부터 적극적으로 동조하지 못한 것은 이러한 배경에서 연유한다. 오히려 파시즘을 제외한다면 이념과 체제에 있어서는 독일이 소련 이외의 연합국들과 더 유사했다. 반파시즘이 전쟁의 표면적인 이유였다면, 반공주의는 전쟁을 마감하는 이념이었다. 약 4,700만 명이 사망한 2차대전에서 가장 많은 사망자를 낸 곳은 독일도 폴란드도 프랑스도 아닌, 약 2,900만 명이 희생당한 소련이었다. 2위인 폴란드와 3위인 독일이 각각 약 627만 명, 569만 명이었고 프랑스와 영국이 50만 명 전후를 기록한 것에 비하면 실로 막대한 피해였다. 그중 1,700만 명이 민간인이었다는 사실은 사회주의 국가라는 이유로 연합군으로부터 소외당한 소련의 대독 항전이 고립무원의 상태에서 얼마나 처참했을지를 보여준다.

2차대전은 승전국을 포함해 전 세계에 두 가지 과제를 안겨주었다. 하나는 인간이 만들어낸 최대의 비극인 2차대전을 일으킨 파시즘의 재발 가능성을 철저히 막는 것이었고, 다른 하나는 19세기 중반부터 자본주의 체제를 위협한 사회주의 세력의 확장을 봉쇄하는 것이었다.

파시즘의 출현은 인간 이성이 만들어낸 진보적 역사를 단번에 뒤집는 사건이었다. 문제는 파시즘 또한 인간 이성이 만들어낸 또 다른 작품이었다는 것이다. 따라서 전쟁 이후 서구 사회를 중심으로 인간 이성에 대한 근본적인 비판과 반성이 시작되었다. 한나 아렌트와 같은 학자들을 중심으로 전체주의의 기원과 현상에 대한 비판적 연구가 전개되었고, 호르크하이머, 마르쿠제, 아도르노 등은 프랑크푸르트 학파를 조직하여 인간 이성과 서구 문명에 대한 비판적 연구를 수행했다. 파시즘은 절대 악으로 규정되었고, 파시즘을 가능케 하는 어떤 이념적, 군사적 행위도 비판과 감시의 대상이 되었다.

아렌트

여기에서 1945년 출간된《열린사회와 그 적들The Open Society and Its Enemy》을 통해서 파시즘과 같은 전체주의를 비판한 칼 포퍼의 주장을 살펴볼 필요가 있다. 포퍼는 전체주의를 '닫힌사회'로 규정하고, 파시즘의 전체주의가 전대미문의 이례적인 모습이 아니며, 전체주의적인 닫힌사회는 이미 고대부터 있어왔다고 말한다. 포퍼는 역사 진화론적 입장에서 닫힌사회를 사회 발전의 한 단

포퍼

계로서 '예측'하고, 국가가 중앙 계획을 세우고 집행하는 것에 반
대했다. 국가의 기능이 축소되어야 자신이 두려움에 떨며 경험했
던 전체주의의 재출현 가능성을 발본색원할 수 있다고 본 것이
다. 포퍼의 주장이 민주주의와 관련해서 중요한 것은, 그가 '우리
에게 필요한 것은 좋은 사람이기보다는 좋은 제도'라고 말한 것
처럼, '열린사회', 즉 현대 민주주의의 관심이 '어떤 지도자'가 이
끄는가에서 '어떤 제도'가 좋은 지도자를 뽑고, 책임을 지우고, 견
제하게 하는가로 옮겨 가는 데 그의 역할이 컸기 때문이다. 그는
사회경제적 약자를 위해서는 국가 개입이 필요하며, 경제에 대
한 민주적 통제를 위해서는 어느 정도의 정치적 개입이 있어야
한다고 본다. 자유방임주의가 단지 국가 역할 축소, 작은 정부, 규
제의 최소화 등을 주장하는 데 그친 것과 큰 차이가 있다. 포퍼의
반전체주의적 주장은 1960년대 이후 국가와 정부의 역할을 인
정하면서도 국가와 정부를 적극적으로 견제·감시하는 시민사회
의 정치 참여라는 '참여 민주주의'에 대한 상상을 가능케 했다고
볼 수 있다.

　파시즘을 악으로 규정하면 할수록 파시즘에 대항했던 미국, 영
국, 프랑스 등 자본주의 국가는 절대선의 수호자로 등극하게 되
었다. 그들이 내세우는 자본주의와 자유 민주주의는 파시즘을 막
을 수 있는 대안적 체제와 이념이 되었다. 이런 상황에서 파시즘
이라는 전체주의는 당연히 민주주의의 대립항이었고 모순적인

이념이자 체제였다. 민주주의의 발전만이 어떤 전체주의의 출현도 막을 수 있는 유일한 방법으로 받아들여지게 되었다. 그러나 그것은 승전국 중심의 민주주의자들의 커다란 착각이었다. 히틀러와 무솔리니의 전체주의인 파시즘은 당시 의회와 선거제도를 부정하는 독재정을 선택했기 때문에 반민주적인 것으로 인식되었다. 한데 '우리', '공공선'을 강조하는 민주주의 또한 '의회', '선거'를 통해서 오히려 전체주의를 인정하는 수단으로 전락할 수 있다는 사실을 민주주의자들은 정확히 간파하지 못했다.

승전국의 민주주의자들은 승전 이후 공공선이 되어버린 '자유 민주주의'와 '자본주의'를 굳이 새롭게 강조할 필요가 없었다. 파시즘의 만행과 세계대전의 비극을 반복해서 강조하는 것으로도 충분했다. 민주주의자들은 반파시즘의 제도적 상징인 '의회'와 '선거제'를 본격적으로 제도화하면서 현대 민주주의의 틀을 완성해나갔다. 의회 민주주의와 선거의 제도화, 그리고 전 세계적인 확산을 통해 그들은 파시즘의 재발 방지와 사회주의 봉쇄라는 두 마리 토끼를 잡을 수 있을 것이라 확신했다. 군사력은 언제나 중요한 조건이었다. '자본주의＝자유 민주주의＝의회/선거 민주주의(대의제적 엘리트 민주주의)＝반전체주의＝반공주의＝국가/공동체의 안보＝평화'라는 이념적 사슬이 완벽하게 설정되었다. 이렇게 양차 대전 직후 대량 생산과 대량 소비를 통한 자본주의의 절정기와 함께 현대 민주주의의 변화가 시작되었다.

냉전에 갇힌 민주주의

장제스

마오쩌둥

2차대전 종전 후 세계 질서는 급변했다. 소련을 중심으로 폴란드, 유고슬라비아, 체코슬로바키아 등 주변국이 사회주의 체제를 도입했고, 중국도 미국의 지원을 받은 장제스蔣介石('제스介石'는 호이고, 본명은 '중정中正')의 '국민당'과 마오쩌둥毛澤東의 '중국 공산당' 사이에 벌어진 '국공國共 내전'에서 중국 공산당이 이기면서 1949년 10월 1일 사회주의 국가가 되었다. 중국에 앞서 한반도 38도선 이북에서는 소련 군정의 영향 아래 북한이 '조선민주주의인민공화국'이라는 이름으로 1948년에 이미 사회주의 국가를 선포하고, 자본주의 체제인 대한민국과 대립하며 세계 최대의 화약고를 만들어놓았다. 결국 한반도는 1950년 6월 북한의 남침으로 한국전쟁(1950~1953)이라는 참극에 빠져버렸다.

이에 맞서 승전국들은 미국을 중심으로 자본주의 진영을 강화해나갔다. 이들은 무엇보다 소련을 근거지로 한 사회주의 혁명의 도미노를 막는 것에 최선을 다했다. 이와 함께 사회주의 국가에 소련을 군사적으로 견제하기 위해 만들어진 반공 기구. 처음에 벨기에, 캐나다, 덴마크, 아이슬란드, 이탈리아, 룩셈부르크, 네덜란드, 노르웨이, 포르투갈, 영국, 미국, 프랑스 등이 참여했고, 이후 그리스, 터키, 서독, 스페인이 가입했다. 소련 붕괴 후 체코, 폴란드, 헝가리가 새로운 회원국이 되었으며, 이후 동유럽 국

가 대부분이 가입했다. 현재는 포괄적인 유럽 안보 및 국제 질서 유지를 위한 협력 기구로 전환되었으며 28개국이 정식 회원국으로 등록되어 있다.

인접한 자본주의 국가들을 중심으로 사회주의 진영에 대한 군사적 방어막을 구축해나갔다. 미국은 우선 서독과 남한, 터키, 쿠바(관타나모), 일본, 필리핀(1992년 철수)을 포함해 전 세계에 미군을 전진 배치하고, 아프리카, 중동, 동남아시아, 라틴아메리카의 여러 나라에 친미 정권이 들어서도록 지원했다. 또한 1949년 서유럽 국가들은 자체적으로, 소련에 맞선 집단 안보 체제로서 '북대서양조약기구North Atlantic Treaty Organization, NATO'를 창설했다. 1955년에 소련이 이에 맞서 동유럽 사회주의 국가들과 '바르샤바조약기구Warsaw Treaty Organization'를 만들면서, 사회주의 진영 대 자본주의 진영 사이의 '냉전'이라는 전 세계적 군사 대치 상황이 구축되었다.

'열전'이 무력 충돌을 의미한다면 '냉전'은 군사동맹, 군대, 핵무기, 미사일 중화기 등의 전략적 배치, 군비 경쟁, 첩보전, 선전·선동 등을 토대로 직접적인 군사적 충돌을 피하는 대단히 소모적이고 지리멸렬한 군사적 긴장 상태를 의미한다. 또한 냉전은 양측의 전면전이 아닌, 한국전쟁과 베트남전쟁 같은 대리전을 통한 세력 다툼을 포함하기도 한다.

냉전은 민주주의의 역사에서 중요한 한 획을 그은 엄청난 정치적 현상이었다. 1945년 냉전의 시작과 함께 사회주의와 자본주의라는 서로 적대적인 두 진영이 '안보 이데올로기'를 중심으로 군사적 긴장에 빠졌고, 이는 1980년대 후반 소련과 동유럽 사

바르샤바조약기구

서유럽의 북대서양조약기구에 대항하기 위해 동유럽 사회주의 국가들이 1955년 결성한 군사 안보 동맹. 직접적인 계기는 서독의 북대서양조약기구 가입이었다. 처음에 소련, 폴란드, 동독, 헝가리, 루마니아, 불가리아, 알바니아, 체코슬로바키아 8개국으로 시작했다가 알바니아가 탈퇴하면서 7개국 중심으로 유지되었다. 냉전의 최전선을 담당했으나 소련이 해체되고 독일 통일과 함께 동독이 탈퇴하면서 유명무실해졌고, 1991년 공식 해체되었다.

회주의 체제가 붕괴될 때까지 지속되었다. 민주주의의 핵심인 공공선과 개인의 자유, 그리고 사적 소유권에 대한 모든 논의는 국가와 공동체의 '안보' 제일주의 아래에 갇히게 되었다. 안보는 곧 '적의 위협'을 전제로 하며, 적의 위협으로부터 공동체가 보호될 때에만 다른 모든 논의가 가능했다. 냉전의 늪에서 양극단으로 나뉜 모든 국가는 국내의 정치적 혼란이나 경제적 위기의 해법을 민주적 토론과 합의 과정보다는 '빨갱이 또는 반동분자로 낙인찍기', '적의 제거·숙청', '준準전시적 국민 동원 및 통제' 같은 전체주의적 통치에서 찾았다. 파시즘이 민주주의처럼 공공선과 개인의 정치 참여를 강조하면서도 '적'을 통해 '우리-친구-동지'를 확정하고 안보를 공공선 실현의 최우선 과제로 앞세우면서 시작된 것처럼, 냉전은 양극단의 모든 국가를 파시즘에 노출시켰다. 정당의 정치 이념에 제약이 가해졌고, 선거와 투표는 언제나 '안보(반공주의든 반자본주의든)'라는 정치적 '유리 천장glass ceiling'을 넘어서지 못했다. 오히려 바로 이런 민주적 장치들을 통해 대중이 냉전을 최우선으로 삼는 국가의 정책 결정을 인정하게 되면서, 냉전 체제는 파시즘과 달리 반세기 동안 유지될 수 있었다.

'파시스트 진영 대 자유 민주주의 진영'이 벌인 2차대전이 종결되자마자 소련이 동유럽 등의 사회주의 혁명을 지원하고 사회주의의 통치 형태를 결정했다면, 미국은 2차대전 이후 패전국으로부터 독립한 신생 국가들의 헌법과 정치 제도를 설계해나갔다.

유리 천장

이 말은 원래 여성의 사회적 진출과 직장 내 승진을 불평등하고 불공정하게 막는, 사회와 조직 내 보이지 않는 장벽을 표현하는 것이었다. 1979년 미국 경제 주간지 《월스트리트》에 처음 등장하여 여성 차별을 드러낼 때 사용되었다. 이 책에서 유리 천장은 시민들이 보다 민주적이고 자유롭게 정치적 선택이나 실천을 하지 못하도록 막는 보이지 않는 장벽(냉전, 안보, 반공주의, 경제 위기 등)을 의미한다.

독일, 일본, 오스트리아는 물론이고 필리핀, 한국 등도 당시 미군정의 통제 아래 제헌의회를 구성하고 헌법을 제정하고 총선거를 실시하여 새로운 공화정(일본은 입헌군주제)을 탄생시켰다.

미국의 지원과 함께 탄생한 신생 공화국들은 '자본주의'와 '민주주의'를 대들보 삼아 발전해나갔다. 사회주의 진영에 대항하는 전 세계 모든 국가들의 반공주의적 안보 라인을 직접 책임진다는 것은 막대한 비용과 인력이 필요한 일이었다. 미국은 사회주의 진영과 직접 대립하고 있는 친미 국가들을 자본주의적 (민주주의) 공화국으로 세움으로써 미국이 직접 큰 비용과 인력을 들이는 것보다 훨씬 더 효과적으로 공산주의를 방어할 수 있다고 판단했다. 따라서 미국은 오랫동안 제국주의에 의해 경제적 토대가 파괴된 신생 독립국들을 전폭적으로 원조하고 그들의 수출 시장이 되어 신생 독립국들이 빠르게 자본주의화할 수 있도록 뒷받침했다. 또한 의회와 선거 제도를 신생 독립국에 이식하면서 반공주의와 자본주의가 독립국 국내 정치를 통해 안정적으로 지속되도록 지원했다.

그러나 냉전의 지속은 여러 지점에서 문제를 일으켰다. 사회주의 진영은 일찌감치 '공산당 일당독재'에 기반을 둔 권위주의적 국가 사회주의로 변질되면서 과거 크롬웰과 로베스피에르가 펼쳤던 '숙청의 정치'의 전철을 따르며 붕괴의 수순을 밟고 있었다. 자본주의 진영은 전후 사회를 케인스식 자본주의 경제 체제와 냉전 시대에 민주주의의 핵심인 공공선과 개인의 자유, 그리고 사적 소유권에 대한 모든 논의는 국가와 공동체의 '안보' 제일주의 아래에 갇히게 되었다.

대량 생산, 대량 소비 방식을 통해 복구하면서 서구 자본주의 경제의 중흥을 이뤘지만, 대부분의 신생 독립국들의 경우에는 미국 중심의 '경제 선진국들'에 자본, 자원, 기술, 시장 등 모든 것을 의존하면서 경제적 대외 종속이 심화되었고 사회가 다룰 수 있는 민주적 의제와 다양한 정치 활동이 반공주의에 의해 제약되었다. 이로 인해 제3세계로 분류되는 아시아, 아프리카, 중남미 지역의 여러 신생 독립국들은 서구와 달리 식민주의를 제대로 청산하지 못한 채 민주주의에서 권위주의로 되돌아가는, 민주주의의 붕괴 현상을 보여왔다. 이러는 과정에서, 설령 민주주의가 이루어졌더라도 시민과 정치적 자유의 제약이 존재하는 '제한적 민주주의democradura'나 어느 정도의 자유화 조치를 통해 권위주의 체제를 유지하는 '완화된 독재dictablanda'와 같이 권위주의와 민주주의가 혼합된 변종들이 나타났다. 대표적인 예가 남미의 '관료적 권위주의'나 '페론주의Paronism', 한국의 '박정희 정권'이다.

카스트로

결국 제3세계에서는 이러한 민주주의의 역행에 저항하는 급진적인 시도가 일어나기 시작했다. 1953년에 쿠바에서 피델 카스트로와 체 게바라가 주도한 사회주의 혁명이 발발하면서 권위주의와 경제적 불평등에 맞서는 사회주의적 도전이 도미노처럼 일어났다. 이런 과정에서 베네수엘라, 칠레, 니카라과, 볼리비아, 방글라데시, 베트남, 캄보디아, 이집트, 시리아, 포르투갈 등이 봉기 혹은 선거를 통해서 사회주의 체제로 돌아섰다. 물론 1960년

체 게바라

킬링 필드

1975년부터 4년 동안 캄보디아 사회주의 정권인 '크메르 루주(붉은 크메르)'가 이상적인 농촌 공산 사회 건설을 목적으로 도시인의 농촌 강제 이주, 사유재산 및 종교 폐지, 국민정신 개조를 주장하며 지식인과 부유층 약 200만 명을 학살한 사건. 영국 출신 영화감독 롤랑 조페가 이를 토대로 '학살에 의해 시체들이 쌓인 평원'을 의미하는 '킬링 필드'라는 제목의 영화를 만든 이후 이 학살도 '킬링 필드'라고 불리고 있다. 킬링 필드는 현실 사회주의 정권의 비도덕적 만행의 상징이자 반공주의 확산의 문화적 코드가 되었다.

대부터 1970년대 사이에 대부분 가톨릭의 영향력이 강했던 중남미 국가들에서 나타난 이러한 체제 변화는 사회주의 사상의 흡수와 함께 가톨릭의 '현대화'에서 큰 영향을 받았다고 할 수 있다. 1960년 이승만의 반공주의 독재와 부패에 항거한 한국의 4·19 혁명도 이런 흐름 속에서 발생했다.

이러한 체제 변화의 과정은 결코 순탄치 않았다. 한국에서 4·19 혁명 발발 1년 만에 박정희의 5·16 군사 쿠데타가 혁명의 열기를 꺾었던 것처럼, 베트남, 칠레 등 적지 않은 나라가 자본가와 군부의 역공세를 겪었다. 캄보디아의 급진 공산주의 정권인 '크메르 루주Khmer Rouge'의 '킬링 필드Killing Field'가 그러했고, 볼리비아·아르헨티나·브라질 등 라틴아메리카에 군부 정권이 출현한 것도 마찬가지였다. 혁명과 반혁명, 지배와 저항의 모든 세력들은 자신들을 '민주주의'로 포장했지만, 그 속에서 가장 큰 희생을 치른 것은 여성과 아동이었고, 힘없는 평민들이었다.

파시즘의 공포를 이기려는
자유주의의 시도

냉전은 결국 극한의 1960년대를 만들었고, 세계는 민주주의를 급진적으로 외치면서 혼란의 시기로 빨려 들어갔다. 미국은 스스로 친 베트남전쟁의 덫에 걸린 채, 반전운동과 흑인 민권운동 등 폭발한 사회적 갈등 속에서 존 F. 케네디, 맬컴 X, 마틴 루서 킹 같은 새로운 정치의 가능성을 상징했던 정치 지도자들이 암살되자 사회적으로 심각한 우울증에 빠졌다. 소련에서는 스탈린 사후 1958년에 흐루쇼프 주도로 스탈린을 비판하고 일당 통치의 중앙 집권 계획 경제를 개혁하려는 시도가 있었다. 하지만, 1964년 흐루쇼프의 개혁에 반기를 들고 집권에 성공한 브레즈네프는 집단 지도 체제 중심으로 관료 중심의 권위적 통치를 강화했고, 소련식 사회주의는 점차 얼어붙어 갔다. 중국은 1966년 문화혁명 (1966~1976)이 시작되면서 아직 아무것도 확실하지 않은 사회주의로 향하는 새롭고 험난한 길에 들어서게 되었다. 이러한 상황에서, 냉전의 대리전 성격을 띠면서 점차 베트남 밀림의 습기

스탈린

브레즈네프

냉전은 양 진영에 속한 국가들을 '안보 제일주의'를 중심으로 점차 전체주의적인 늪에 빠지게 만들었다. 전체주의는 그저 파시즘이라는 일회적인 우연한 현상이 아니라 역사적으로 종종 출현했던 것이며, 2차대전 후에도 전체주의는 여전히 가능하다는 칼 포퍼의 우려가 맞아떨어진 것이다.

보다 더 눅눅해진 베트남전쟁은 세계를 지치게 만들었다. 그러나 핵 개발 및 실험을 중심으로 미국, 소련, 중국 등 냉전의 대립자들 간에는 군사적 긴장이 극에 달했으며, 쿠바 미사일 사태는 그 긴장을 증폭시켰다.

1950년대에 주로 제3세계에서 퍼져나갔던 민주주의의 역행에 대항하는 급진적 시도들은 1960년대에 군부 쿠데타와 반공주의를 내세운 독재 정권의 등장 같은 반동적 정치 공세에 부딪히게 되었다. 이러한 혼란이 계속될수록 제3세계 국가들은 절대 빈곤, 저성장, 빈부 격차의 심화, 사회적 부패의 만연과 같은 위기에 더욱 깊이 빠지게 되었다. 1962년 가톨릭의 제2차 바티칸 공의회 이후 라틴아메리카에서 구스타보 구티에레스Gustavo Gutiérrez 같은 신학자를 중심으로 '사회적 구원'을 주창하는 '해방신학'이 만들어지고 지지를 얻게 된 것은 바로 이런 배경에서였다.

이러한 혼란의 상황은 민주주의 연구자들에게 커다란 해결 과제로 다가왔다. 파시즘을 무찌른 2차대전의 승리는 자유주의를 안겨주었지만, 자유주의의 완성을 보장하지는 않았다. 냉전은 양 진영에 속한 국가들을 '안보 제일주의'를 중심으로 점차 전체주의적인 늪에 빠지게 만들었다. 전체주의는 그저 파시즘이라는 일회적인 우연한 현상이 아니라 역사적으로 종종 출현했던 것이며, 2차대전 후에도 전체주의는 여전히 가능하다는 칼 포퍼의 우려가 맞아떨어진 것이다. 자본주의 소비 사회가 발전하면서 인종,

인권, 여성, 환경, 반전, 노동 등 다양한 문제로 일어난 저항과 갈등은 냉전 질서에서 쉽게 수그러들지 않았다. 특히 스탈린주의에 대한 비판이 거세지면서 자본주의 사회에서 흘러온 사회주의 운동은 모든 저항과 갈등의 중심을 벗어나게 되었다. 다른 사회 운동들도 거대한 대의명분이나 유토피아적 세계를 공통분모로 가지고 있기보다는 각자 이해관계에 따라 움직였다. 민주주의자들은 파시즘의 재발을 막기 위해 민주주의를 제도화할 때 자유주의의 중요성을 강조하면서도, 민주적 질서 수립을 불가능하게 만들거나 사회를 오랜 시간 동안 혼란에 빠뜨리지 않을 무언가를 찾아야 했다.

로버트 달

우선 미국 정치학자 로버트 달Robert Dahl은 수많은 이해관계가 복잡하게 얽혀 있는 현대 사회에 적합한 민주적 질서를 찾으려 했다. 현대 사회의 규모나 이익집단의 수를 고려하면 대의 민주주의를 선택하지 않을 수 없었다. 그러나 때로 대의 민주주의는 오히려 선거제를 이용해서 독재자 혹은 엘리트 집단의 과두제가 장기적으로 유지되게 할 수 있다. 대의제가 다양한 이익집단의 의견을 고르게 반영하고 독재나 과두제로 빠지지 않을 수 있도록 달이 제시한 정치체가 '폴리아키Poliarchy(다두제)'이다.

슘페터

이러한 달의 '현실적 민주주의'는 20세기 초에 오스트리아 출신의 미국 경제학자 조지프 슘페터가 내린 민주주의에 대한 정의에서 시작됐다고 볼 수 있다. '지도자를 선출하는 기제로서의

현대 민주주의 연구에서 민주주의는 절차적 의미로 축소되었다. '어떤 사람이 우리를 대표해야 하는가'나 '어떤 사회가 만들어져야 하는가'와 같은 윤리적이거나 이념적인 문제는 이제 사라져버린다. 오히려 민주주의는 권위 있는 자들의 지위를 정당화하는 실용적이고 정치적인 용도로 쓰이게 된다.

민주주의'라는 슘페터식 정의를 시작으로 현대 민주주의 연구에서 민주주의는 권력을 둘러싼 경쟁의 제도화 과정이라는 절차적 의미로 축소되기 시작했다. 즉 '어떤 사람이 우리를 대표해야 하는가'나 '어떤 사회가 만들어져야 하는가'와 같은 윤리적이거나 이념적인 문제는 이제 사라져버렸다. 오히려 민주주의는 권위 있는 자들의 지위를 정당화하는 실용적이고 정치적인 용도로 쓰이게 되었다.

슘페터식 절차 민주주의는 '어떻게 지도자를 뽑는가'에 집중하면서 민주주의를 목표가 사라진 '방법과 제도'로 제한시켰다. 물론 나치의 침공을 경험한 슘페터는 파시스트 독재자의 재발을 막고 민주적 지도자가 선출되도록 할 제도적 방안 마련에 대한 고민도 그 안에 포함시켰다. 슘페터의 '권력을 둘러싼 경쟁의 제도화'는 독재의 출현과 유지 가능성을 차단하는 데 핵심을 두었을 것이다. 그럼에도 가치가 사라진 민주주의는 마치 이정표는 없고 신호등만 있는 교통신호와도 같다. 다시 말해, 신호대로 가다 서다를 반복하면서, 어디로 가는지 알지 못한 채 그저 교통질서를 잘 지키는 데 만족하며 운전하는 것과 유사하다. 즉 전쟁광인 독재자는 막을 수 있어도 엘리트 중심의 과두제적 정치권력을 통한 사회의 불평등성을 막을 방안에 대해서는 고려하지 못한 것이다.

물론 슘페터식 절차 민주주의는 '정당 지도자의 자질, 정치 엘리트 집단의 국가로부터의 자율성, 독립된 관료제, 규칙에 순응하는 야당과 시민사회, 관용과 타협에 기반을 둔 정치 문화' 등을 강조하면서 어떤 사회와 정권이 민주주의에 보다 가까운가를 판단하는 절차적 지표들을 제시한다. 하지만, 이 절차 민주주의는 무엇보다 의사 결정 과정에 대한 대중의 참여 기회를 제한하고, 이미 사회적으로 높은 위치에 있는 엘리트들이 그 기회를 독점하는 제도적 결과를 만들어냈다. 또한 슘페터식 민주주의는 고대에 시작되어 근대 유럽에서 정치적 현실로 다가선 이전의 민주주의 사상과 차이가 컸다. 규모가 커지고 관련된 의제가 훨씬 복잡해진 현대 세계에서 고대 직접 민주주의와 근대 자유 민주주의를 그대로 적용하는 것은 분명 현실적인 한계가 있다. 그 점을 고려하더라도 슘페터식 민주주의는 이전까지 진행되어온 민주주의 역사와 단절되는 경향이 있다.

슘페터에게서 한 걸음 나아가 달은 근대적 가치가 중심이 되는 '이상적 민주주의'와 규모와 의제의 변화에 따른 '현실적 민주주의'의 간극과 함께 현실적 민주주의가 가진 한계를 인정하면서, 권위주의에서 벗어나 보다 나은 민주주의를 향해 가는 정치 형태로서 '폴리아키'를 제시했다. 달의 폴리아키는 선출된 정부와 시민사회가 협력해서 사회 내 다양한 집단들이 의사 결정의 정치적 과정에 더 잘 접근할 수 있도록 보장하는 것이다. 이를 위해 달은 7개 항목의 제도화를 강조했다. '선거를 통한 정부 관료의 선출', '자유 공정 선거', '포괄적 참정권', '공직 선거 출마권', '표현의 자유', '시민의 정보 접근권', '결사적 자율권'이 그것이다.

슘페터나 달의 민주주의는 제도에 집중하면서 너무도 현실적이지만 역설적으로 오히려 현실의 문제를 제대로 드러내지 못한다는 한계를 안고 있다. 이들의 절차는 형식적으로는 모든 이에게 자유와 평등을 보장하는 듯하지만 실제로는 인종, 피부색, 종교, 소득수준, 전통적 위계질서 등 여러 가지 면에서 자유와 평등이 실현되지 못하고 있는 현대 자본주의 사회의 문제에 대한 해결 방안은 되지 못한다.

1960년대를 지나면서 서구 사회에서는 정당 운영과 선거제를 중심으로 하는 법치 및 의회 민주주의에 대한 반성과 비판이 일었다. 의회 민주주의의 위기는 곧 자유주의의 위기였고, 합리적이고 도덕적인 개인에 대한 실망을 불러일으켰다. 이때 자유주의를 새롭게 해석하면서 다시 자유 민주주의를 소생시키려 한 사람이 1971년《정의론A Theory of Justice》을 출간한 존 롤스John Rawls였다. 자유주의와 민주주의의 만남이 위기에 처한 상태에서 구원투수로 나온 롤스는 맹활약을 펼쳤다. 이전의 자유주의자들이 프랑스혁명, 2차대전 등 승리를 배경으로 자유주의를 주창했던 반면, 롤스는 미국 내에서 인권 운동에 대한 소극성, 베트남전쟁, 워터게이트 사건, 제3세계 군부 쿠데타 지원설 같은 자유주의의 실패와 위기 사례들을 경험한 끝에 자유주의를 소생시켜 위기에 빠

롤스

이데올로기의 종언

미국 하버드 대학 교수인 대니얼 벨이 1960년 출간한 책의 제목이다. 벨은 이 책에서 마르크스주의가 현대 자본주의 산업사회에서 한계를 드러내고 종말을 맞이하게 될 것이라 설명한다. 즉 이데올로기의 종언에서 이데올로기란 마르크스주의를 말한다. 벨은 전 인민이 프롤레타리아화되거나 경제적 양극화 심화로

사회주의 혁명이 일어나는 대신, 과학기술 발전과 복지사회 등장으로 사회가 더 복잡해지고 진화하면서 마르크스주의의 예측이 무너질 것이라 보았다.

벤담

제임스 밀

벨

진 자유 민주주의를 구하려 했다.

사실 1945년 이후 자본주의 진영에서 자유 민주주의는 '최대 다수의 최대 행복'을 주창한 벤담과 제임스 밀의 공리주의 원칙을 따랐다. 복지 정책에서도 다수의 행복이 기본 원칙이었고, 대표 권력을 뽑는 선거 제도도 최대 다수의 선택이 최대 행복을 반영한다는 정신을 내포하고 있었다. 자본주의적 생산과 소비 또한 공리주의적 효용성을 따르고 있었다. 그러나 결국 공리주의적 가치는 정치는 물론 소비 시장에서도 최대 다수를 위하는 것이 아니라 최대 다수를 동원하는 것으로 변질되었다. 다수의 선택이 (자의든 타의든, 의식적이든 무의식적이든) 다수의 윤리임은 물론 소수의 윤리로도 받아들여지면서, 공리주의적 자유주의는 베트남 전쟁과 같은 거대 권력의 폭력마저 인정했다. 그러나 대니얼 벨Daniel Bell이 말한 '이데올로기의 종언'을 확신한 자유주의자들은 자유주의를 넘어서는 어떠한 대안도 생각하지 않았다.

이런 공리주의적 자유주의의 문제를 정리하기 위해 칸트주의자 롤스는 우선 자유주의 자체를 재해석하는 두 가지 '정의正義'의 원칙을 정한다. 첫 번째 원칙은 모든 사람은 자유를 평등하게 누릴 권리를 가진다는 것(자유 우선의 원칙)이고, 두 번째 원칙은 불평등은 ① 최소 수혜자에게 최대의 이득이 돌아가고(차등의 원칙) ② 모든 사람에게 기회 균등의 원칙이 적용될 때(기회 균등의 원칙) 정의로운 것이 될 수 있다는 것이다. 첫 번째 원칙이 최우선

이고, 그다음 기회 균등의 원칙이 차등의 원칙에 앞선다. 롤스는 두 원칙에 따른 사회적 계약이 민주적이고 공정하게 이루어질 수 있도록 근대 사회계약론자들의 '자연 상태'와 유사한 '원초적 입장original position'과 '무지의 장막veil of ignorance'을 제시한다.

롤스의 정의론은 위기에 처한 자유주의를 구하는 듯했다. 롤스의 자유주의적 원칙은 공리주의적 원칙과 달리 사회경제적 불평등과 위계질서의 해법을 제시할 것 같았다. 최대 다수의 행복을 추구하는 복지국가가 시대정신이던 상황에서 자본가들은 지킬 것은 지키되 그러면서도 차별받는 '최소 수혜자들'에게 제도적인 기회를 우선 제공하면서 사유재산의 자유를 인정받을 수 있게 되었다. 그뿐만 아니라, 모든 이들에게 기회가 고르게 주어진다는 조건에서만 최소 수혜자들에게 기회를 우선 제공하기 때문에, 롤스의 정의론은 '정의로운 불평등'으로 다른 사람의 불만을 살 이유도 없었다. 빈곤 문제, 흑인 인권 문제 등 공리주의를 따르던 자유주의자들이 우물쭈물했던 문제도 이젠 당당히 대처할 수 있게 되었다. 다수인 백인과 가진 자들의 눈치를 보느라 루스벨트 대통령과 케네디 대통령이 자신 있게 추진하지 못했던 '소수자 우대 정책affirmative action(적극적 평등 개선 조치)'도 이젠 당당하게 시행할 수 있었다. 자유 민주주의의 추락한 도덕성과 정당성이 다시 회복될 기세였다.

그러나 롤스의 주장은 여러 한계를 보였다. 그의 두 가지 원칙,

칸트주의에 대한 전통적 비판

칸트의 비판철학이 형이상학, 윤리학, 인식론, 과학철학 등 전 방위적으로 철학사에 기여한 바는 엄청나며, 칸트 사후 칸트주의는 계속 분화되어 발전해왔다. 그러나 칸트가 제시한 선험적 종합판단이 경험 없이 가능한가 하는 의문이 있고, 칸트의 주관주의적 입장은 외부 세계에 대한 인간의 포괄적이고 적극적인 인식

과 실천을 제한한다는 비판을 받기도 한다. 이와 함께 칸트주의는 구체적이고 복잡한 윤리적 상황에 대해 실천적인 답변을 끌어내는 데는 한계가 있다는 평가를 받기도 한다.

'원초적 입장'과 '무지의 장막' 같은 개념은 칸트주의자인 그가 주관주의나 구체성의 결여 같은 칸트주의에 대한 전통적 비판조차 고려하지 않은 것처럼 보이게 했다. 또한 롤스의 정의로운 불평등에 관한 두 가지 원칙은 엄밀한 의미에서 불평등을 만드는 사회경제적 구조를 전제로 한다. 즉 불평등을 해결하려 하지만 불평등의 원인에 대해서는 침묵한다고 할 수 있다. 마치 전시에 전쟁으로 인한 부상자에 대한 적십자 구호의 중요성을 외치면서도 전쟁에 대해서는 침묵하는 것과 같다. 또한 결국 불평등의 해결이 불평등 구조의 해체가 아니라 소수자 우대 정책과 같이 위에서 아래로 '시혜'를 내리는 방식에 의지하다 보니 불평등이 계속 유지될 수밖에 없었다. 게다가 불평등의 피해자들이 자선사업과 같은 시혜에 기대다 보니 스스로 자신의 문제를 해결하려는 '그들 자신의 정치'를 생각할 여유가 없었다. 롤스의 주장은 자유주의의 도덕성을 회복시킬 수는 있었으나, 보다 많은 시민들의 참여라는 민주적 원칙에서는 멀어지는 듯했다.

민주주의의 역사를 바꾼 거대한 실패, '68혁명'과 '프라하의 봄'

19세기 중엽 이후 전개된 유럽의 정치 변동이 근대 민주주의의 흐름을 바꾸었다면, 1960년대 냉전 체제 아래에서 펼쳐진 전 세계적인 대결은 '파시즘 대 자유 민주주의'라는 현대 민주주의의 흐름을 바꿔버렸다. 1950년대에 미국에서 시작된 흑인 민권운동은 1960년대에도 수그러들 줄을 몰랐고, 제3세계의 사회주의 혁명과 이에 대응하는 반혁명 쿠데타의 연쇄적인 흐름들은 결국 베트남전쟁에서 절정을 맞았으며, 이 전쟁은 또 다른 세계적 격변의 방아쇠를 당겼다. 1968년에 유럽에서 발생한 두 사건으로 냉전과 자본주의라는 거대한 이중 천장에 갇혀 있던 민주주의에 새롭고 급진적인 바람이 휘몰아쳤다.

드골

하나는 프랑스 파리에서 일어난 학생들의 시위다. 1968년 3월, 베트남전쟁 반대 시위를 하던 학생들이 체포되자 이들의 석방을 요구하며 학생들이 소르본 대학 총장실을 점거하는 일이 발생했다. 드골 정권은 '사회 안정'을 내세우며 무장 경찰을 동원해 시

1968년 5월 10일, 1871년에 코뮌주의자들이 세웠던 바리케이드가 학생, 노동자, 여성 등 시민들의 동참으로 파리 시내 한복판에 세워졌다. 주입식 학교 교육, 불평등한 입시 및 고용 제도, 그리고 여전히 센 권위주의와 전통적인 위계질서들, 이 모든 권력 관계를 향해 참여자들은 분노를 분출했다.

1968년의 프랑스 5월 혁명, 파리

위를 강경 진압했고, 이에 대한 분노로 시위는 '5월혁명'으로 급변했다. 5월 10일, 1871년에 코뮌주의자들이 세웠던 바리케이드가 학생, 노동자, 여성 등 시민들의 동참으로 파리 시내 한복판에 세워졌다. 주입식 학교 교육, 불평등한 입시 및 고용 제도, 그리고 여전히 센 권위주의와 전통적인 위계질서들, 이 모든 권력 관계를 향해 참여자들은 분노를 분출했다.

이는 프랑스만의 일이 아니었다. 이미 미국에서는 흑인 민권운동을 중심으로 사회적 불평등에 대한 도전이 폭발하고 있었다. 독일(서독)에서도 1967년 6월에 이란의 독재정권 규탄 시위를 벌이던 대학생이 경찰의 발포에 사망하는 사건이 발생하면서 급진적 68혁명을 예고하고 있었다. 일본도 1968년에 니혼日本대학교와 도쿄東京대학교에서 '전국공투회의全國共鬪會議(전공투)'가 결성되면서 구질서와 대학 교육에 대한 도전이 시작되었다.

이런 억눌린 분노들에 불을 지핀 것은 베트남전쟁이었다. 냉전과 자본주의의 이중 천장이라는 제한된 틀에 갇힌 삶을 자유로운 척 즐겨야 하는 상황에서 베트남전쟁에 대한 기성세대의 침묵은 그 이중 천장이 얼마나 야비한 것인지를 드러냈다. 이중 천장의 두께가 가장 두꺼운 곳은 교육과 고용 현장이었다. 기나긴 냉전은 한때 승리한 것처럼 보였던 자유주의의 숨을 틀어막았다. 교육 현장은 자유로운 개인을 냉전형 인간으로 개조하기를 멈추지 않았다. 고용 현장에서의 답답함도 마찬가지였다. '대량 생산, 대량 소비'가 자본주의를 유토피아로 만드는 듯했지만, 그 뒤에는 저임금 노동 등 고용 불평등의 그늘이 짙게 깔려 있었다. 그 그늘은 제3세계에서 더욱 짙게 드리워졌다. 학벌, 인종, 성별, 지역 등 차별적 요소들은 모두 동원해 차별을 하는 탓에 고용 불평등이 '어쩔 수 없는 것'으로 보였다.

불평등한 교육 공간에서 냉전 이데올로기를 주입식으로 강요받고, 차별적인 고용 현실을 감당해야 하는 사람들 사이에서 민주주의의 이상을 실현하는 토론과 정치 참여가 정상적으로 이루어질 리 없었다. 그건 그들이 배움이 부족하거나 이기적이어서가 아니었을 것이다. 교도소의 장벽이 사실은 그 너머에 있는 폭력이란 공포 때문에 부서지지 않듯, 이중 천장은 국가주의와 사유재산 보호를 위한 법의 감시와 처벌로 이루어져 있었기에 무너지지 않았다. 그 아래서 민주주의는 공공선과 자유가 아닌 냉전과 자본주의를 유지할 따름이었고 보수 엘리트와 자본가들의 권위를 승인하는 절차적 도구에 불과했다. 이런 조건에서 정당, 선거제, 의회 민주주의가 만들어내는 결과가 불평등한 것은 당연하다. 불평등하다는 것은 힘 있는 자와 힘 없는 자가 공존하는 권력

관계를 말한다. '모든 금지하는 것들을 금지하라!'라는 68혁명의 구호는 엉뚱한 것이 아니라, 바로 당시 모든 권력 관계를 옹호하던 '민주주의'에 대한 반기였다.

　이중 천장을 깨뜨리려는 이 시도는 정치 변혁의 수준에서만 본다면 실패로 끝났다. 프랑스에서는 국민투표로 드골이 사퇴하긴 했지만, 드골 정권에서 외무부장관을 지낸 퐁피두가 집권에 성공했다. 독일과 일본의 경우, 적군파赤軍派와 같은 세력의 과격한 무장투쟁이 말미를 장식하면서 정부의 진압과 대중들의 비난 속에서 68혁명이 힘을 잃었다. 그만큼 냉전과 자본주의라는 이중 천장은 생각보다 훨씬 높았다. 결국 보수화된 사회는 더 두꺼워진 이중 천장 아래 갇히게 되었다.

퐁피두

　사회주의 진영에서도 냉전과 스탈린주의가 장악한 국가 사회주의라는 또 다른 이중 천장을 뚫기 위한 저항이 나타났다. 최초의 커다란 움직임은 1956년 10월 헝가리의 수도 부다페스트에서 일어났다. 자유주의를 철저히 억압한 스탈린주의에 성이 난 헝가리 시민들이 스탈린 동상을 무너뜨리면서 반소反蘇 봉기를 벌인 것이다. 너지Imre Nagy가 개혁 정권을 세웠지만, 곧바로 소련이 군대를 파견해 너지 정권을 무너뜨리고 수만 명의 사상자와 수십만 명의 망명자를 내면서까지 헝가리 시민들의 봉기를 진압했다. 너지를 체포하고 사살하기까지 한 소련에 전 세계는 경악했고, 서구의 진보적 지식인들도 소련에 대한 지지를 철회하고

너지

트로스키주의

러시아혁명 시기의 볼셰비키 지도자 레프 트로츠키에 의해 형성된 사상. 스탈린의 일국사회주의론과 대립적으로 세계 혁명을 통해 사회주의를 건설한다는 '영구혁명론'에 기반을 두었고, 스탈린주의와 관료화된 소비에트 체제를 비판한다. 레닌 사후 스탈린주의가 사회주의의 대표 이념으로 자리 잡으면서 변종 사회주의 혹은 좌익 기회주의로 매도되었다. 트로츠키가 멕시코에서 스탈린에 의해 암살당한 후에는 전 세계에 걸쳐 탈자본주의와 사회주의 건설을 위한 다양한 정치 노선으로 분화되었다.

사회주의 정당을 떠나 트로츠키주의자가 되거나 신좌파를 구성했다.

그러나 동유럽의 모든 자유를 통제했던 소련의 스탈린주의가 스탈린 사후 흔들리면서 동유럽 국가들은 저마다 자국에 맞는 사회주의 체제 수립을 위해 개혁을 단행했다. 1960년대에 개혁과 민주화의 열기가 높았던 체코에서 스탈린주의의 복원을 꿈꾸던 노보트니 정권은 체코 시민들의 반발을 샀다. 결국 1968년 1월 둡체크가 체코 공산당 제1서기장을 맡으면서 체코에서 '프라하의 봄'이 시작되었다. 둡체크 정권은 '인간의 얼굴을 한 사회주의'를 표방하며 경찰 정치를 제재했고, 언론·출판·집회의 자유를 보장하며 체코 사회에 민주적 생기를 불어넣었다. 또한 소련으로부터 독립된 자체적 계획 경제를 실시하고 정당 간 경쟁을 통한 의회 정치를 추진했다. 그야말로 정치의 봄이 왔고 체코 시민들은 자유의 달콤한 향기를 즐기기 시작했다. 그러나 체코의 개혁 바람이 다른 동유럽 국가들로 전파되고 소련 중심의 사회주의 체제가 흔들리는 것을 두려워한 소련은 같은 해 8월에 군대를 이끌고 체코를 침공하여 민주화의 바람을 강제로 진압했다. 소련은 개혁과 민주화 세력들을 대대적으로 숙청했고, 이듬해인 1969년 4월에 둡체크 정권을 해산시키고 친소 정권인 후사크 정권을 세워 끝내 프라하의 봄을 무너뜨렸다. 그러나 부다페스트와 프라하의 비극은 소련 붕괴의 서막이었다.

둡체크

사회주의가 자본주의보다 더 나은 민주주의 체제이며, 자본주의라는 엘리트 중심의 기형적 민주주의를 극복할 수 있는 모델이라고 믿었던 전 세계 진보적 지식인들과 민주주의자들에게 소련의 체코 침공은 엄청난 충격이었다. 결국 노동 계급의 해방을 통해 모든 인간의 자유와 평등을 실현하고자 했던 사회주의의 이상은 소련의 체코 침공으로 흔들리게 되었다. 자본주의 세계의 폭력만큼 사회주의 세계의 폭력 또한 거대했으며, 군사력과 안보 체제를 중시하는 냉전 시기에 강력해진 사회주의 체제의 사회 통제력이 결국 냉전의 적이 아닌 자기 진영의 대중들에게 사용되는 비극이 시작되었던 것이다. 이후 사회주의 진영은 소련이 해체되기 전까지 어떤 개혁도 시도하지 못한 채 암흑기를 보내야 했다. 개혁이 불가능한 현실은 정치적 부패와 사회적 불만을 확산시켰다. 스스로 무너질 때까지 사회주의 진영은 결국 개혁의 기회를 갖지 못했다.

차우셰스쿠

자본주의 진영의 68혁명과 사회주의 진영의 '프라하의 봄'의 좌초는 전 세계적인 엄청난 변화의 시작을 예고했다. 체코의 개혁 실패 후 루마니아는 차우셰스쿠 정권이 1인 독재와 함께 부패하면서 사회주의 체제의 몰락으로 이어졌다. 유고슬라비아는 티토 사후 집단 지도 체제로 유지되다 1991년 여러 공화국으로 해체되었으나, 깊은 내전의 늪에 빠지고 말았다. 동독은 서독으로 흡수통일되었으며, 폴란드와 헝가리 사회주의 정권도 시장경제

티토

중심의 개혁이 아래로부터 펼쳐지면서 몰락했다.

68혁명은 비록 정치적 개혁으로 이어지지는 않았지만 자본주의 진영에 신사회운동의 불을 지폈고, 당시까지 사회주의 운동을 이끌었던 구좌파에 대립하는 신좌파를 탄생시켰다. 모든 권위와 금지에 맞선 68혁명의 정신은 중앙 정부와 같은 국가 기구의 억압에 대한 비판을 넘어 성, 결혼, 가족, 남녀 관계, 학교, 공장, 문화적 공간 등 일상의 모든 곳에서 작동하는 권위와 위계질서에 대한 저항과 도전으로 이어졌다. 그 결과 여성, 환경, 노동, 반전, 인권 등 사회운동의 내부에서부터 구조적으로 권위나 위계질서가 도전받기 시작했다. 당과 노동 계급을 중앙에 세운 전통적인 사회주의 운동 세력들(구좌파)과 달리, 신좌파들은 사회주의 세력 내의 이러한 위계질서를 부정하면서 민주주의의 문제에 보다 주목하기 시작했다. 노동운동이 모든 사회운동의 중심에 있어야 하고 당은 노동운동을 대표해야 한다는 전통 사회주의 노선은 흔들릴 수밖에 없었다.

무엇보다 68혁명은 전후 승리감에 도취된 자유주의에 대한 혐오와 의혹으로 이어졌다. 자유주의는 프랑스혁명의 정신적 원천이자 파시즘을 이겨낸 힘이었다. 그러나 자유주의 의회 정치는 흑인 민권운동에 직면해 우물쭈물할 뿐이었고, 베트남전쟁과 같은 침략 전쟁을 승인하는 반민주적인 태도를 취하면서 한계를 드러내기 시작했다. 선거제는 68혁명을 무력으로 진압한 보

모든 생명의 존엄에 대한 인정, 나눔과 연대의 윤리적 삶, 권위와 재산 축적에 대한 견제 등이 '오늘'부터 시작되고 훈련되지 않는다면, 어떤 유토피아적인 질서가 내일 현실이 된다 해도 사람들은 그 현실을 오늘로 받아들이려 하지 않을 것이다.

수 세력의 집권을 절차적으로 승인하고 말았다. 보통선거권이 확산되었지만 여성과 유색인종, 사회적 소수자들은 남성과 백인과 엘리트 중심의 정당이 정한 의제를 마치 자신들의 고민처럼 받아들이고 투표를 해야 할 뿐이었다. 냉전과 자본주의적 불균형은 자유주의의 승리를 무색하게 만들고 있었다. 공장, 가정, 학교에는 여전히 낡은 위계질서와 차별뿐이었다. 전후 유럽의 복지 질서와 대량 생산, 대량 소비 체제가 노동자와 중산층의 삶의 모습과 사회적 욕망을 다르지 않게 만들면서 계급·계층에 따른 투표 행위는 불분명해졌고, 전통적인 좌우 정치 이념에 따라 나눠져 있는 정당들은 이미 새롭게 변화된 여러 이해관계를 제대로 대표하지 못하고 있었다.

68혁명을 경험하고 스탈린주의와 소련의 체코 침공을 목격한 신좌파들은 민주주의가 자본주의 엘리트 중심 의회정치와 대량 소비 문화의 확산을 방지해야 함은 물론이고, 사회주의가 부패하고 전체주의화하는 것을 막아야 하고, 대안적인 세상을 '운영'하는 전략이자 생활양식이 되어야 한다고 보았다. 내일을 위한 이념은 오늘의 삶의 변화와 일상의 훈련을 통해서 실현될 수 있다는 것이다. 프롤레타리아 독재나 자코뱅식 배제의 정치는 오늘의 삶을 무너뜨리고 내일이 오는 것을 불가능하게 만들 뿐이다. 모든 생명의 존엄에 대한 인정, 나눔과 연대의 윤리적 삶, 권위와 재산 축적에 대한 견제 등이 '오늘'부터 시작되고 훈련되지 않는 이집트, 시리아, 요르단의 아랍연맹과 이스라엘이 충돌한 전쟁. 1964년에 결성된 '팔레스타인해방기구PLO'가 이스라엘에 테러를 가하는 상황에서 이집트가 이스라엘 선박을 봉쇄하자 이스라엘이 이집트, 시리아, 요르단 3국을 기습 공격하면서 시작되었고, 미국과 서유럽 국가들의 지원을 받은 이스라엘의 일방적인 승리로 6일 만에 끝났다. 전쟁 결과 이스라엘은 독립 초기 영토의 8배가 넘는 면적을 차지했지만, 팔레스타인 난민들이 급격히 증가하고 PLO의 무장투쟁이 더욱 활발해지면서 중동의 긴장감이 높아졌다.

다면, 어떤 유토피아적인 질서가 내일 현실이 된다 해도 사람들은 그 현실을 오늘로 받아들이려 하지 않을 것이다.

이제 1970년대에는 새로운 이념과 새로운 실천이 필요했다. 자신의 진영에서 정당성을 잃은 두 체제는 더 이상 냉전을 앞에 내세울 명분이 없었다. 더욱이 1967년의 제3차 중동전쟁(6일전쟁)으로 급증한 팔레스타인 난민들을 세계가 미국과 이스라엘의 눈치 속에 외면하고, 1972년 미국에서 대통령 닉슨을 사임시킨 대선 시기의 도청 사건(워터게이트 사건)으로 자유주의 의회정치의 도덕적 정당성이 무너지자 새로운 정치, 새로운 민주주의, 새로운 세상의 그림을 요청한 것은 비단 신좌파만이 아니었다. 자유주의의 위기로 정치적 위기를 맞은 보수 진영도 '신보수', '신우파'로 스스로를 재무장하면서, 전가의 보도인 '시장'과 '자본'을 전면에 내세워 자신들의 민주주의를 새롭게 잉태했다. 신자유주의 민주주의neoliberal democracy라는 '귀태鬼胎'가 잉태된 것이다.

6

신좌파의 상상력, 참여 민주주의와 급진 민주주의

하버마스가 '정당성 위기legitimation crisis'라고 표현했듯이 자본주의와 사회주의 양 진영이 모두 근대 정치체제를 유지해온 정당성을 잃었다. 1971년 석유파동은 위기를 알리며 자본주의 경제성장에 급격한 제동을 걸었고, 미국은 베트남전쟁과 워터게이트 사건의 늪에서 빠져나올 수 없었다. 동유럽 사회주의 국가들은 소련의 영향력에서 벗어나는 듯했지만, 개혁의 변화는 없었다. 종교, 민족주의와 인종주의에 따른 갈등이 남아프리카공화국, 이란, 유고슬라비아, 중국, 인도 등 제3세계 지역에서 터져나왔다. 세계 최초로 선거를 통해 집권에 성공한 사회주의 정권인 칠레의 아옌데 정권이 피노체트의 군부 쿠데타에 의해 처참히 짓이겨질 때, 쿠데타의 뒤에 미국이 있음을 알아채는 것은 어려운 일이 아니었다. 전체주의의 수많은 변형들이 절차 민주주의에 의해 인정되고, 합리적이고 도덕적인 개인을 중시하는 자유주의에 대한 희망이 깨지면서 냉전을 유지할 정당성이 사라졌다.

양 진영은 냉전을 잠시 보류하고 '데탕트Détente(긴장 완화)'를 통해 정당성의 위기를 벗어나려 했다. 미 소 양측은 군축 협상을 이어갔고, 소련과 부딪혀왔던 중국은 1971년에 대만을 대신해 유엔 안전보장이사회 상임이사국이 되고, 그다음

1970년 대통령 선거에서 승리해 칠레에 사회주의 정부를 수립했던 아옌데

해에는 미국과 외교정상화를 이루기까지 했다. 데탕트와 함께 롤스를 구원투수로 한 자유주의의 회복은 미국, 영국, 프랑스 등 강대국들의 의회정치에 다시 힘을 실어주었고, 의회에서 추진한 다양한 '소수자 우대 정책'은 정부에 대한 시민들의 신뢰도를 높였다.

하지만 '불평등의 구조'를 문제 삼지 않은 롤스식 자유주의는 냉전과 자본주의라는 두터운 이중 천장을 뚫을 수가 없었다. 석유 파동과 함께 시작된 세계 자본주의의 장기 침체 속에서 서구의 자본가들과 정치적 의사 결정자들은 케인스식 복지국가 체제를 포기하고 새로운 대안을 찾으려 했다. 종교, 민족주의, 인종에 따른 갈등이 더 이상 간과될 수 없는, 전 세계적으로 국가권력과 체제를 위협하는 새로운 급진적 도전이 된 시점에 사람들은 롤스가 주장한 것과 달리 공정한 계약이라는 원초적 입장을 취하지 않았다. 소련의 헝가리 봉기 강제 진압 이후 서구의 진보적 지식인들은 스탈린주의를 비판하는 동시에 마르크스의 초기 저작

에 주목하면서 '소외된 노동', '인간 소외', '물화', '물신화' 같은 개념들을 중심으로 자본주의의 메커니즘 속에서 고립된 개인의 현실을 연구하기 시작했다. 탈계급화된 개인들, 도덕성을 상실한 사회주의 정당, 그리고 계급투쟁만으로는 설명할 수 없는 복잡하고 다양한 신사회운동들, 무엇보다 기존의 좌우 세력 모두에서 나타나는 권위주의적이고 전체주의적인 통치의 문제는 현실 자본주의의 한계를 드러냄은 물론 사회주의가 가장 민주적이라는 환상 또한 무너뜨렸다.

자유주의자들이 자유주의의 재구성을 통해 자유주의를 정당성 위기에서 구출하고 자본주의 체제를 유지하려 했던 것과 달리, 신좌파는 자본주의가 만들어낸 문제들을 해결하기 위해 구좌파와 자유주의를 동시에 비판하면서 의회 민주주의를 넘어서는 정치적 실천을 시도했다. 신좌파의 정치적 화두는 '민주주의'였다. 보통선거권이 확대되고, 대의제 중심의 정당정치와 의회 민주주의가 제도화되면서 평등한 시민들의 자유로운 의사 결정이 가능한 듯했지만, 신좌파들이 보기에 '시민'은 결코 평등하지 않았으며, 절차 민주주의는 특정한 권위를 반복해서 승인하는 도구에 불과했다.

페이트먼

영국의 정치학자이자 급진적 페미니스트인 캐럴 페이트먼Carole Pateman은 모든 개인은 자유롭고 평등하다는 전제에서 출발하는 자유 민주주의에 대해 실제로 자유롭고 평등한 개인은 소수 참여 민주주의를 주장하는 이들은 대의제 민주주의의 한계를 극복하고 사회경제적 불평등을 해소하기 위해서는 시민들 스스로 자신의 권력을 위임하는 투표 행위를 넘어, 다양한 영역에서 진행되는 정책·의사 결정 과정에 직접 참여할 것을 강조한다.

에 불과하다고 지적했다. 국가의 정책 결정 과정, 공장, 가정, 학교, 상품 시장, 미디어 등 일상의 모든 공간에서 성별, 인종, 피부색, 교육과 소득수준에 따른 차별과 위계질서가 존재해 결코 모든 개인이 자유와 평등을 보장받지 못한다. 특히 정책 결정 과정은 다른 일상 공간에 비해 훨씬 더 대의제 중심적이어서, 개인의 삶에 중요한 영향을 미치는 복지 정책들이 결정될 때도 정책 적용 대상인 일반 시민들은 철저히 배제되고, 그저 정해진 결정을 순순히 따라야 한다.

결국 현실의 대의제 민주주의에서는 다수의 참여가 배제됨으로써 다수의 이해관계가 정책에 반영되지 못하며, 정책 결정권은 물론 필요한 정보가 소수에게 집중되어 중앙집권적인 관료주의가 특정 집단에게 편향적으로 봉사를 해도 시정하기가 쉽지 않다. 페이트먼이나 맥퍼슨C. B Macpherson처럼 참여 민주주의를 주장하는 이들은 이러한 대의제 민주주의의 한계를 극복하고 사회경제적 불평등을 해소하기 위해서는 시민들 스스로 자신의 권력을 위임하는 투표 행위를 넘어, 다양한 영역에서 진행되는 정책·의사 결정 과정에 직접 참여할 것을 강조한다. 시민들의 정치 참여는 단지 중앙정부와 의회, 정당의 의사 결정 과정에 대해서만 보장되는 것이 아니라, 기업 경영, 지역 정치, 학교 교육, 마을 자치, 언론 감시, 상거래, 금융시장처럼 공적인 것과 사적인 것이 교차되는 일상의 공간에서도 제도적으로 보장되어야 한다. 여기서 참여는 단지 관찰하고 비판하는 것만이 아니라, 권력을 공유하고 평등하게 행사하는 것까지를 포함한다. 루소의 인민주권이나 마키아벨리의 비르투의 사상과 맥락을 같이하는 지점이라 할 수 있다.

풀란차스

　참여 민주주의를 강조하는 신좌파들은 참여 민주주의를 통한 사회 변화만큼 참여 민주주의의 실현 자체를 중요한 정치적 과제로 여긴다. 그리스 출신 마르크스주의 정치학자 풀란차스Nicos Poulantzas가 주장하듯이 그들은 자본주의 체제에서 국가가 자본가 계급의 이익을 우선한다 해도, 보통선거권이 확대되고, 이념적 자유 보장을 통해 복수 정당제에 근거한 정치적 다원주의가 공정하게 인정되며, 반대 세력의 정치적 자유를 포함해 모든 정치적 자유가 제도적으로 인정된다면 사회경제적 불평등의 원인인 자본주의를 극복할 수 있다고 생각했다. 따라서 엘리트 중심의 대의제 민주주의와 보수적 미디어 및 교육 체계라는 걸림돌을 피해 냉전과 자본주의라는 이중 천장을 뚫고 나가기 위해서는 참여 민주주의를 보장하는 이념적·제도적 장치를 마련하는 정치적 실천이 중요하다. 결국 참여 민주주의는 적극적 참여를 통해 권력의 문제를 해결하고 사회경제적 불평등을 제거하는 민주적 제도 내에서의 운동과 그러한 참여를 보장하는 제도를 세우기 위한 제도 밖에서의 또 다른 운동을 통해서 실현되어야 한다.

　사실 참여 민주주의는 제3의 운동을 전제로 한다. '무엇을 위

해 참여하는가', 즉 참여의 목적과 관련된 운동이다. 참여 민주주
의는 단지 대의제의 한계를 극복한다는 소극적인 목적에 머무는
것이 아니다. 목적과 가치를 제거한 슘페터식 절차 민주주의와
정반대이다. 참여 민주주의를 주장한 사람들이 신좌파라는 데서
알 수 있듯이, 참여 민주주의는 사회주의처럼, 자본주의 극복을
위한 하나의 정치 방법 혹은 전술이다. 1920년 《길드 사회주의
재론Guild Socialism Restated》을 출간한 영국의 페이비언 사회주의자
이자 경제학자인 콜George Douglas Howard Cole을 이 대목에서 언급할

콜

필요가 있다. 콜은 모든 개개인의 일터, 즉 생산과 소비를 포괄하
는 산업의 전 영역에서 생산자(노동자)와 소비자가 길드에 참여
하여 모든 계획을 기획하고 결정하는 '길드 사회주의'를 주장했
다. 길드 사회주의는 스탈린식 중앙집권적 사회주의와 달리 마을
과 일터의 최소 단위에 모든 사람들이 참여해, 가장 아래에서부
터 자치적 의사 결정 과정이 시작되도록 하는 것이다. 아래에서
부터 한 단계씩 대의원들을 선출해서 위로 보내고 최종 단계에
서 대의원들이 전 영역을 포괄하는 의사 결정 과정에 임한다. 20
세기 초 유럽 노동운동에서 나타난 '공장 평의회'도 이와 크게 다
르지 않은 형태일 것이다. 물론 참여 민주주의가 신좌파나 콜의
전통에 따라 반드시 사회주의만을 지향하는 것은 아니다. 오늘날
참여 민주주의는 자본주의를 극복하기 위한 사회주의 전략으로
만 기능하는 것이 아니라, 투명성이 보장된 건강하고 지속 가능

한 자본주의, 즉 착한 복지국가를 틀로 하는 자본주의를 유지하기 위한 자유주의자들의 정치 전술로도 기능한다.

참여 민주주의가 대의제 중심의 자유 민주주의의 한계를 극복하고, 민주주의가 중앙집권식 권위주의로 변질되는 것을 막는 아래로부터의 적극적인 실천임은 분명하다. 또한 참여 민주주의를 통해 차별과 불평등한 위계질서가 제거된 상태에서 모든 집단과 개인은 자유롭고 평등하게 의사 결정 과정에 참여할 수 있을 것이다.

여기서 한 가지 질문이 떠오른다. 여성, 흑인 노예, 성적·종교적 소수자, 이주 노동자, 여러 형태의 무기력한 사회적 약자 등 처음에는 차별받았던 사람들이 언제부터 그러한 불평등을 '공정하지 못한 것'으로 여기게 되었을까? 객관적으로 불평등한 관계가 늘 갈등을 유발하고 문제가 되는 것은 아니다. 다시 말해, 차별받는 집단이라고 해서 그 차별을 언제나 부당하게 느끼거나 철폐하려 드는 것은 아니다. 냉전과 자본주의적 경쟁 논리와 같은 것들은 때로는 차별을 문제 삼지조차 못하게 만든다. 미디어나 교육을 통해서 차별을 운명이나 신의 뜻과 같은 당연한 것으로 여기면서 자신의 위치에 만족할 수도 있다. 차별이 부당하고 잘못된 것이라고 생각하지만, 그것을 해결하는 방법으로 차별 철폐가 아니라 역차별(자존감, 정복, 복수 등을 중요하게 여기는 극우적 민족주의처럼)을 생각하는 이들도 있을 것이다. 차별하는 자들도 마

참여 민주주의가 보다 많은 사람들, 지금까지 차별받는 것을 당연하게 여겨왔거나 아예 사회적 존재감이 없었던 사람들에게 '참여'를 확대하려면, 급진 민주주의와의 결합이 필요하다.

찬가지이다. 그들은 차별적 행위가 잘못된 것임을 스스로 깨닫기 전까지는, 예를 들어 아무렇지도 않게 아내에게 밥을 차리라고 명령하거나, 노예에게 채찍질을 하거나, 성 소수자와 이주 노동자들을 '범죄자' 취급할 것이다. 그들은 당연한 것으로, 배운 바대로, 자신의 윤리적 역할에 최선을 다하는 것으로 생각할 것이다.

참여 민주주의가 보다 많은 사람들, 지금까지 차별받는 것을 당연하게 여겨왔거나 아예 사회적 존재감이 없었던 사람들에게 '참여'를 확대하려면, 급진 민주주의와의 결합이 필요하다. 급진 민주주의에서 '급진'은 공공선, 법, 윤리, 상식, 규범, 제도와 같은 '당연한 것'이 어떻게 당연하게 되었는지를 묻는 철학적 태도이다. 르네상스를 연 인문주의자들, 종교개혁을 주도한 루터, 18세기 당시 남성의 시민권 독점을 문제 삼은 메리 울스턴크래프트, 이들은 모두 당연한 질서, 당연한 상식, 당연한 윤리와 권력에 의문을 품고 질문을 던지면서 민주주의의 영역과 대상을 변화시키고 확장시켰다. 현대 사회에서도 급진 민주주의는 당연한 정상성, 당연한 시민권, 당연한 법률, 당연한 교육과 문화에 의문을 제기하면서 민주주의의 새로운 주체를 세우며, 민주주의의 경계를 끊임없이 해체하려고 한다.

울스턴크래프트

급진 민주주의는 자유와 평등에 집중하여 급진적 질문을 던진다. 자유와 평등이 대의제 중심의 의회 민주주의나 자유주의적 시민의 영역에서 제도화되고 그 이상은 확장되지 않는 것을 문

라클라우

무페

제 삼는다. 1985년《헤게모니와 사회주의 전략》을 출간해 '급진 민주주의 프로젝트'를 제시한 라클라우Ernesto Laclau와 무페Chantal Mouffe는 급진 민주주의가 사회경제적 불평등은 물론 수많은 차별과 통제의 원인이 되는 자본주의적 질서를 자유와 평등의 확장을 통해 넘어서려는 시도라고 설명한다. 자유와 평등을 급진적으로 확장한다는 것은 당연하게 권리를 인정받아온 집단들의 관계가 제대로 자유롭고 평등한지를 확인하는 것이 아니다. 당연하게 차별받아온 집단을 자유롭고 평등하게 합의하고 협력하는 정치적 주체로 바꿔나가는 것이며, 그렇게 되도록 법, 제도, 윤리 등을 바꾸는 것이다. 급진 민주주의는 자유와 평등의 급진적 확장을 통해서 참여 민주주의의 영역을 넓혀갈 수 있고, 참여 민주주의는 급진 민주주의에 의해 탄생한 새로운 정치적 주체들이 의사 결정 과정에 자유롭고 평등하게 참여할 수 있도록 제도를 개선해나갈 수 있다.

7

민주주의 최대의 위기,
신자유주의와의 만남

현대 민주주의의 위기를 극복하기 위해 자유주의자들과 신좌파
는 우선 사회경제적 불평등을 해결하려 했다. 사회경제적 불평등
의 해소라는 공공선을 위해서는 '분배적 정의'가 실현되어야 하
는데, 자본가 처지에서 분배적 정의는 자신의 몫을 내주어야 하
는 곤란한 정의일 뿐이다. 다른 사람들과 비슷하게 몫을 나눈다
는 것은 권력을 나누는 것과 같다. 권력을 동등하게 나눠 위계 권
력을 상실한 자본가들은 원치 않는 분배적 정의를 계속해서 받
아들여야 한다. 그렇게 되면 자본가가 이끄는 자본주의는 유지하
기 힘들어진다.

  자본가들이 특권적인 질서를 유지하고 자신들의 몫을 계속 늘
릴 수 있는 가장 좋은 방법은 민주주의를 포기하고 사회경제적
자유와 평등이라는 공공선을 부정하는 것이 아니다. 그들에게 최
선은 민주주의를 그대로 유지하면서도 공공선을 자유와 평등 대
신 '개인적 소유권'이나 '시장'의 보호로 바꾸어 민주주의가 다시

신자유주의와 하이에크

신자유주의의 사상적 기원은 오스트리아 출신 영국의 경제학자이자 철학자인 하이에크에게서 찾을 수 있다. 그는 《노예의 길》 등의 저작을 통해, 자본주의의 발전을 자유시장 제도에서 찾는 반면, 시장규제를 기반으로 하는 복지 제도와 사회주의를 비판했다.

빈부의 격차를 뚜렷하게 보여주는 브라질

자신들을 보호하는 기능을 하게 만드는 것이다. 그래서 그들은 신자유주의를 내세웠고, 오늘날의 정치, 경제, 생활양식과 관련된 모든 '지구적 표준global standard', 즉 신자유주의적 공공선을 만들어냈다.

신자유주의는 최첨단 정보통신 기술과 국경을 초월하는 금융자본의 성장을 토대로 세계를 표준화된 하나의 시장으로 만들었다. 그러나 지역마다 서로 다른 전통적 가치관과 문화, 생활양식 등이 이런 신자유주의적 표준과 충돌하거나 그것에 의해 파괴되면서, 세계 곳곳에서는 경제사회적 양극화, 빈곤화, 원주민 생활 터전의 붕괴, 생태계 파괴, 복지 정책의 후퇴, 공공성의 가치 폄하 및 사회 안전망의 붕괴, 범죄율 증가 등이 심각한 사회적 문제로 등장하게 되었다.

2차대전 이후 반세기 동안 수많은 권위주의 정권이 해체되고 신흥 민주주의 정권들이 세계 곳곳에 수립되었다. 이 신흥 민주 정권들은 대량 생산과 대량 소비에 기반을 둔 세계 자본주의 질서가 1970년대에 연이은 석유파동과 하이퍼인플레이션hyperinflation 등으로 풍요의 시기를 끝내자, 그 여파로 재정 적자에 부딪히게 되었다. 결국 신흥 민주 정권들은 심각한 경제 위기에 처할 수밖에 없었고, 선진국들조차 국민 복지를 추구하는 케인스식 경

자본가들이 특권적인 질서를 유지하고 자신들의 몫을 계속 늘릴 수 있는 가장 좋은 방법은 민주주의를 그대로 유지하면서도 공공선을 자유와 평등 대신 '개인적 소유권'이나 '시장'의 보호로 바꾸어 민주주의가 다시 자신들을 보호하는 기능을 하게 만드는 것이다.

제 정책을 철회하게 되었다. 대부분의 국가들이 긴축 재정을 택하면서 민주화의 경제적 토대를 잃게 되었고, 그 결과 민주국가들은 민주주의의 새로운 위기를 경험하게 되었다. 이 위기 속에서 1980년대 초반에 영국과 미국은 각각 신자유주의 경제 체제인 대처리즘Thatcherism과 레이거노믹스Reaganomics를 주요한 경제 노선으로 채택했고, 이 두 거대 자본주의 패권 국가의 선택은 결국 새로운 지구적 표준으로 발전했다.

1979년 영국 노동당의 복지 정책을 비판하면서 보수당의 집권을 이끈 대처 총리는 이전 노동당 정부의 각종 국유화 및 복지 정책을 종결지으면서 대처리즘을 정책적으로 구체화했다. 그것의 골자는 ① 복지를 위한 공공 지출의 삭감 및 세금 인하, ② 국영 기업의 민영화, ③ 노동조합의 활동 규제, ④ 철저한 통화 정책에 따른 인플레이션 억제, ⑤ 기업과 민간의 자유로운 활동 보장, ⑥ 외환 관리의 전면 폐지와 빅뱅 등을 통한 금융시장 활성화 등이다.

신자유주의 시대를 연 레이건 미국 대통령과 대처 영국 수상

미국의 경우, 1982년 출범한 레이건 정부가 영국 대처리즘과 유사한 레이거노믹스를 펼치며 ① 세출 삭감, ② 소득세 대폭 감세, ③ 기업에 대한 정부

초국적 법인 기업
여러 국가에 자회사나 생산 공장을 세우고, 지역의 기업을 합병하면서 국제적으로 생산과 판매 활동을 벌이는 기업. 17세기 초 네덜란드가 인도에 세운 동인도회사에서 시작되었다. 다국적 법인 기업multinational corporations이라고도 한다.

규제 완화, ④ 안정적 금융 정책 등을 내세웠고, 이로써 영국과 함께 전 세계 신자유주의를 가속화했다.

여기서 알 수 있듯이 자유 시장과 탈규제, 재산권을 중시하는 신자유주의 주창자들은 국가가 시장에 개입하는 것은 경제적 효율성을 떨어뜨리고 형평성에 어긋나는 것, 즉 민주주의에 반하는 것이라고 주장한다. 또한 증세를 통해 복지 재정을 늘리는 것은 국가 재정을 악화시키고, 놀면서 복지를 즐기려는 '복지병'을 키우며, 사회적으로 노동 의욕을 감퇴시킨다고 외친다.

신자유주의 주창자들은 대부분 초국적 법인 기업transnational corporations을 운영하는 사람들과 여기에 이해관계가 얽혀 있는 사람들이다. 그들은 국가의 시장 개입 및 조세를 줄이고 민간 기업의 자유로운 활동을 보장받기 위해, 국적에 의해 기업이 감당해야 하는 부담을 최소화하려고 노력한다. 초국적 법인 기업의 활동은 이미 2차대전 전부터 확대되었으며, 1970년대 이후 그 수가 급증한 초국적 법인 기업은 생산, 무역, 투자, 금융 등 모든 경제 영역에서 지구화를 주도해왔다. 수십 년간 거대하게 성장한 초국적 법인 기업은 전 세계적으로 힘을 발휘해, 국가별로 수준에 맞게 시행되었던 케인스식 경제 정책을 흔들고, 자율성과 경쟁력을 강조하며 신자유주의를 전파했다.

초국적 법인 기업의 목적은 사회적 공공성이 아니라 자본주의적 이윤 창출을 극대화하는 것이다. 그렇다 보니 다른 기업, 집단과의 협력이 아니라 경쟁을 통한 승자 독식만이 그들의 생존 방식이 되었다. 초국적 법인 기업은 경쟁력을 높이기 위해 전 세계적으로 최저 생산가와 최저 임금 지역들을 찾아다니면서, 이윤 창출에 방해되는 모든 정치경제적 장벽을 제거하는 데 집중한다. 초국적 법인 기업을 앞세운 신자유주의 주창자들은 한편으로는 세계무역기구WTO를 중심으로 한 다자 간 협상이나 자유무역협정FTA과 같은 쌍무협정을 통해 국가 차원의 시장 개방을 적극적으로 추진하고, 다른 한편으로는 고용 안정화를 무너뜨리면서 어떤 저항이나 제재도 없이 노동자들을 자유롭게 고용·해고할 수 있는 노동시장 유연화 정책을 전면에 내세운다. 그뿐만 아니라 사회에 가장 필요한 자원을 중심으로 하는 공공 영역이 사실상 가장 안정되고 지속적인 생산과 소비 영역임을 간파한 신자유주의 주창자들은 공공 영역을 민영화하고 이 영역을 독점해서 자신들의 이윤을 극대화하려고 한다.

신자유주의는 이러한 과정을 통해 '지구화'라는 국제 표준화를 일국 차원을 넘어선 '규범 원리'로 설계해가고 있으며, 결과적으로 17세기 유럽의 종교전쟁인 30년전쟁 끝에 체결된 1648년의 베스트팔렌 조약으로부터 시작된 근대 국가적 국제 관계의 경계선을 해체하면서 일국의 영토적 주권 개념의 재구성을 촉진하는 정치적 영향까지 만들어가고 있다.

신자유주의는 초국적 법인 기업들이 주도하고 있지만, 이들의 활동을 평탄하게 하는 것은 각 국가의 신보수주의 정치 세력이다. 신자유주의로 인한 사회 양극화에 대한 시민사회의 저항을 막기 위해 신보수주의는 시장 자유방임주의와 함께 민족주의, 애국주의, 국가 안보를 앞세운 강력한 국가주의를 강조한다. 그렇다 보니 신보수주의의 국가주의는 여전히 냉전적인 군비 경쟁이나 탈냉전 이후의 대테러 전쟁 확장을 강조하면서 재정 적자와 복지 악화를 초래하기도 한다. 그뿐만 아니라, 신자유주의는 과거의 '워싱턴 컨센서스Washington Consensus'나 최근의 '세계경제포럼 World Economic Forum(또는 다보스 포럼)', '국제통화기금International Monetary Fund, IMF', '세계은행World Bank' 같은 초국가적 합의체의 권위를 높이면서, 각 국가의 주권적 정책 결정권과 시민사회의 자율성을 약화시킨다.

더 큰 문제는 신자유주의가 근대 자유 민주주의의 가치는 물론 선거, 대의제, 의회 정치를 주축으로 하는 현대 민주주의에도 정면으로 도전한다는 것이다. 신자유주의는 민주화의 업적인 국민국가와 시민사회의 성격을 바꾸고 있다. 국민국가는 국가의 중요한 정책을 결정하고 집행할 때 무엇보다 국내 상황을 우선 고려하며, 비록 많이 변질되기는 했지만 그래도 개개인의 생명, 그리고 인권과 존엄성을 헌법의 최우선 가치로 여긴다. 그러나 신자유주의는 초국적 법인 기업을 위한 지구적 표준이 보다 많은 국가들의 정책에 반영되는 것을 목표로 한다.

1997년 이후에 한국이 그러했듯이 많은 국가들이 심각한 금융 위기를 극복하기 위해 '신자유주의적 산업구조조정 프로그램Neoliberal Structural Adjustment Program'을 도입한 이후 본격적으로 WTO와 FTA 중심의 대외 경제 정책 및 노동시장 유연화 정책을 채택했다. 각국의 정부가 고용, 민영화, 탈규제, 복지 예산 삭감 등의 문제를 국민의 이해가 아니라 지구적 표준화에 맞춰 해결하려 하면서 사회정치적 갈등이 촉발되었다. 호흐벨트Ankie Hoogvelt에 따르면, 국내 경제 시스템을 신자유주의 지구화를 위한 지구적 표준화에 맞추고, 여기서 파생된 다양한 국제 협약과 표준에 맞게 국내법을 수정하려 하는 신보수주의 정부의 태도는 소위 '전달 벨트transmission belt'와 같다고 할 수 있다.

개발도상국일수록 IMF와 세계은행 등의 강력한 구조 조정 요구, 그리고 경제 자유화와 환경·인권 등에 대한 새로운 신자유주의적 국제 규범의 도입 압박 때문에 자국의 정책 결정 자율성을 더 빨리 상실하게 된다. 또한 국가가 정부나 국회 차원에서 독자적으로 수정·변경하기 어려운 국제 규범과 표준들을 도입하면 할수록, 그 국가는 신자유주의 국제 분업 질서에 더욱 묶일 수밖에 없고, 정부가 자국의 경제적 문제에 신속하게 대응하기도 어려워진다.

심각한 것은 이런 과정이 한 국가를 전 지구적 불평등 관계에 묶이게 할 뿐만 아니라, 구조 조정으로 불이익을 받게 되는 국민

들의 정치사회적 저항과 민주주의를 둘러싼 새로운 갈등을 일으
킨다는 것이다. 신자유주의 지구화의 영향 속에서 국가는 초국적
법인 기업이 주도하는 경제성장 정책을 추진하며, 삶의 질 향상
과 정치사회적 권리를 주장하는 자국민들과의 새로운 갈등에 부
딪히게 되었다. 비록 신자유주의 국가는 제도적으로 민주화되어
'권위주의 대 민주주의'라는 기존의 정치적 갈등은 극복했지만,
신자유주의 지구화가 초국적 법인 기업의 활동을 기본 축으로
국가의 주권적 권위에 도전하는 상황에서 국가의 역할을 새롭게
변화시키고 있으며, 이 변화는 민주주의의 새로운 문제를 동반
한다.

　민주주의의 새로운 문제에 직면한 현대 국가들은 대부분 근대
민주주의의 가치에 기반을 둔 헌법을 신자유주의에 맞게 수정하
려고 한다. 한국에서도 일부 신자유주의 보수 세력들이, 1987년
9차 개헌을 통해 우리 헌법에서 강조하게 된 '경제민주화'와 관
련된 조항들을 수정하려 했다. 그들은 신자유주의적으로 헌법
을 바꾸려 하면서, 공공의 이익을 지키는 민주적 절차를 제한하
고, 근대 민주주의의 가치에서 유래한 사회 공공성을 위한 국가
의 의무를 축소하려고 한다. 그뿐만 아니라 신자유주의 지구화로
인해 발생하는 삶의 악화와 민주주의의 위기에 대한 정치사회적
저항으로부터 특권 집단의 민영화를 보호하기 위해 공공 제도를
통제하는 제반 입법, 행정적 정책을 강력히 추진하기도 한다. 이

신자유주의 국가는 한편으로는 시장의 자유화와 탈규제를 위해 국가의 영
향력과 책임을 축소하는 '작은 정부'를 주장하고, 다른 한편으로는 이 과정
에서 발생하는 사회적 저항과 민주주의의 위기를 관리하기 위해 억압적 국
가기구들을 동원하는 '강한 국가'의 모습을 드러낸다.

런 과정에서 신자유주의 국가는 한편으로는 시장의 자유화와 탈
규제를 위해 국가의 영향력과 책임을 축소하는 '작은 정부'를 주
장하고, 다른 한편으로는 이 과정에서 발생하는 사회적 저항과
민주주의의 위기를 관리하기 위해 경찰, 행정부, 사법기관, 정보
기관은 물론 군사력과 같은 억압적 국가기구들을 동원하는 '강한
국가'의 모습을 드러낸다. 즉 시장에는 약하고 시민에게는 단호
한 정부가 바로 신자유주의 국가의 새로운 민주적 통치 모델인
것이다.

결국 신자유주의 세력의 전 방위적인 통치 방식은 자유와 평
등, 모든 인간의 존엄성을 강조하는 자유 민주주의는 물론 슘페
터식 절차 민주주의에서조차 놓치지 않았던 '인민에 의한 통치',
즉 시민 중심성을 무너뜨리고, 시민 대신 '자본'과 '초국적 법인
기업'을 중심에 놓았다. 이제 '신자유주의적 민주주의'로 묘사되
는 민주주의 안에서 인간의 보편적 자유와 평등권에 기반을 둔
자유 민주주의는 변질되어, '시민적 가치'나 '삶의 질'이 아니라,
초국적 기업과 자본주의 국가 사이의 협력을 통해 '자본의 이윤'
에 기여하는 것에 논점을 맞추게 되었다. 신자유주의 국가가 주
도하는 민주적 제도라는 것이 '시민적 가치'를 포기한 상황에서,
현대 세계의 민주화 운동은 비단 권위주의적 정권에 대한 비판
과 도전뿐만 아니라, 성별, 인종, 종교, 생태, 평화 등 다양한 가치
를 표방하며 현 제도를 넘어서려 하는 급진적 형태의 저항들로

도 나타나고 있다.

　결국 신자유주의 민주주의는 대단히 심각한 딜레마를 낳았다. 딜레마의 한 축은 신자유주의 국가가 자유 민주주의적 질서와 가치에 맞는 고유한 역할을 스스로 제약해야 한다는 것이다. 지구적 표준화의 압력 속에서 국가는 자유 민주주의적 제도와 헌법적 가치를 전면 수정해야 하고, 이 수정에 대한 '민주적 시민'들의 저항을 더 이상 합의된 수단과 민주적 절차만으로는 감당할 수 없기 때문이다. 딜레마의 다른 한 축은 신자유주의 국가라 할지라도 절차 민주주의를 인정하는 한, 즉 국내에서 실시되는 선거를 정권 창출의 제도로 인정하는 한, 시민들의 저항을 무조건적으로 억누를 수는 없다는 것이다. 아무리 신자유주의 국가라 하더라도 정부가 주권적 권위를 갖기 위해서는 자국 시민들의 지지를 얻어야 하며, 이것은 곧 초국적 법인 기업과는 달리 정부는 태생적으로 '국가'라는 공동체의 영역을 유지시켜야 한다는 의미다.

　결국 신자유주의 국가는 신자유주의 지구화 과정에 아무리 충실하려고 해도, 자유 민주주의적 가치와 제도를 완전히 포기할 수는 없다. 신자유주의 국가는 신자유주의화하면 할수록 자국 국민들로부터 주권적 권위를 위임받기가 어려워지고, 반면에 자국 국민들을 위한 공공성을 강조할수록 신자유주의 지구화로부터 더욱 거센 압박을 받게 된다. 한국의 경우, 사실상 1997년의 IMF

금융 위기에 대한 해법을 신자유주의에서 찾은 김대중 정권은 물론, 한미 FTA를 추진한 노무현 정권, 그리고 전면적으로 탈규제와 작은 정부, 노동 유연화 정책을 추진한 이명박 정권도 바로 이런 딜레마 속에서 정치적 해법을 찾지 못했다고 할 수 있다.

2013년 시작된 박근혜 정권이 이런 딜레마를 보여주는 가장 대표적인 예이다. 대선 당시 박근혜 후보는 시민들로부터 지지를 얻기 위해 '경제민주화'와 '복지 예산 증액' 등과 같은 신자유주의에 반하는 정책들을 공약으로 내세웠다. 그러나 당선된 후에는 '철도 민영화'와 '의료 민영화'를 추진하려는 움직임으로 시민사회와 대립하는 등 결국 공약을 폐기하고, 다시 자본에는 약하고 노동계와 시민사회에는 단호한 모습을 보이게 되었다.

깊이
읽기

기독교의 사회적 실천과 민주화 운동의 발전

민주적 주체로서의 인민이 추구하는 공공선이 그 사회의 보편적 가치나 윤리의 지지를
받아야 그 민주주의가 대중화될 수 있다. 특히 이미 공동체 내에서 전통적인 윤리로 받
아들여진 종교적 가치가 민주주의와 충돌하지 않고 오히려 조화롭게 결합된다면, 민주
화 과정이 보다 폭발적이고 효과적으로 진행될 수 있다. 1960년대 이후 가톨릭 사회였
던 라틴아메리카 지역에서 권위주의 정권에 맞서 민주화 운동이 대중적으로 전개될 수
있었던 결정적인 이유 중 하나는 바로 이전까지 권위주의를 옹호하고 기존 질서의 보
수화에 기여했던 가톨릭이 '현대화'라는 새로운 흐름 속에서 사회적 구원을 강조하면서
당시 라틴아메리카 인민들의 민주화 열망을 지원하기 시작했다는 데 있었다.

가톨릭의 현대화는 제2차 바티칸 공의회의 핵심 과제였다. 제2차 바티칸 공의회는
1962년 요한 23세 교황이 소집하고 바오로 6세 교황이 1963년에 맡아 1965년에 마
무리한 로마 가톨릭교회의 제21차 보편 공의회이다. 이 공의회는 무엇보다 가톨릭이
현대 사회에 적응해야 하고 동시에 현대 세계를 적극적으로 변화시켜야 한다는 '가톨릭
현대화'의 길을 제시했다는 데 큰 의미가 있다. 가톨릭의 현대화를 위해 우선 교회의 자
각과 쇄신이 강조되었다. 가톨릭은 개신교를 비롯한 다른 종교와의 화해를 시도했고,
교회의 자각을 통해 사회의 다양한 차이들을 이해하려 노력하고 세계 평화에 기여할 것
을 선언했다. 민주화와 관련하여 이 공의회가 대단히 중요한 것은, 인간 개인의 존엄성
과 자유를 중시하면서, 사회 정의에의 참여, 가난한 자들에 대한 관심, 사회 내 여러 피
억압 계층의 정치사회적 구원을 위한 가톨릭교회의 보다 적극적인 역할 등 가톨릭의 사
회적 역할을 명시했기 때문이다.

이후 라틴아메리카에서는 구스타보 구티에레스와 같은 신학자를 중심으로 '사회적 구
원'을 주창하는 '해방신학'이 만들어졌고, 이에 영향 받은 가톨릭 성직자들의 종교적 헌
신이 민주화 운동과 결합되면서 라틴아메리카 민주화가 대중적으로 활발하게 진행되었

다. 기존 전통 신학이 신 앞에서의 개인적 구원에 주목한 것과 달리 해방신학은 사회적 구원이라는 새로운 구원의 의미를 성서적으로 해석하기 시작했다. 사회적 구원이란 내세에서 이루어지는 개인의 구원과 달리, 현실에서 발생하는 가난, 불평등, 불의로부터 해방된 정의로운 사회의 실현을 의미하고, 여기에는 하느님의 나라가 현실과 분리된 것이 아니며 신이 창조한 현실에서도 실현되어야 한다는 의미가 담겨 있다. 사회적 구원은 사회적 악과 사회적 범죄라는 상대적 개념을 끌어들인다. 해방신학은 자본주의에 대한 직접적인 부정이나 전복을 주장하지도, 사회주의를 제시하지도 않지만, 자본주의적 관계가 만들어내는 구조적인 불평등과 착취 관계, 그리고 이를 폭력적으로 유지하려는 권위주의적 국가 권력이 하느님의 정의, 즉 하느님 나라와 대립된다고 인식하면서, 사회적 구원을 위해서 이러한 자본주의와 권위주의 정치권력의 문제를 직접 해결하려고 노력하는 것이 구원을 향한 신도의 실천이라고 보았다.

제2차 바티칸 공의회의 '현대화' 선언과 해방신학은 냉전 시기에 반공주의라는 억압적 이데올로기로 인해 민주화 열망을 차단당했던 아메리카 인민들이 마르크스주의를 넘어서 가톨릭이라는 라틴아메리카 전체 공동체의 윤리를 통해 민주화 운동을 끌어나갈 수 있는 커다란 보호막이자 힘이 되었다. 이러한 현상은 가톨릭 국가인 필리핀에서도 나타났고, 한국에서도 1974년 천주교 원주교구장이었던 지학순 주교의 '유신헌법 무효' 양심선언 사건 직후 제2차 바티칸 공의회 정신을 따라 만들어진 '천주교정의구현사제단'과 같은 단체들에 의해 민주화가 큰 진전을 이룰 수 있었다. 독일 개신교 신학자 카를 바르트와 그의 제자 디트리히 본회퍼로부터 시작된 개신교의 변화도 세계 전역의 민주화 운동에 큰 힘이 되었다. 한국 개신교 신학자들을 중심으로 발전한 민중 신학의 형성과 이에 기반을 둔 개신교와 민주화 운동의 결합 또한 이러한 맥락에서 이해될 수 있다.

4장

한국, 민주주의, 그리고 민주주의자들

해방 후 3년,
한국 민주주의의 기원

서구에서 근대 민주화는 사회의 발전, 철학적 성찰, 그리고 처절한 정치적 격변을 거치며 오랜 시간 동안 서서히, 때로는 폭발적으로 진행되었다. 15세기 르네상스를 시작으로 17세기 영국의 청교도혁명과 명예혁명, 18세기 프랑스혁명과 미국의 독립에 이어 산업혁명의 후폭풍으로 나타난 19세기 노동자들의 민주주의 투쟁까지, 몇백 년에 걸친 투쟁의 역사에는 수많은 사람들의 희생, 그리고 진지한 지적 성찰 등이 녹아 있었다. 철학적 성찰과 과학의 발전이 산업화를 촉진했고, 산업화는 신흥 사회 계급과 계층을 만들어내면서 근대 민주화의 길을 열었으며, 그 길을 따라 많은 시행착오와 희비극이 교차하면서 오늘에 이르렀다. 이에 비하면 한국의 민주화는 대단히 짧고 빠르게 진행되었다. 한국에서는 1945년 8월 일제 강점으로부터 해방된 후 불과 약 반세기만에 '민주화되었다'는 말이 회자되기 시작했다. 그리고 그 순서도 유럽의 경우와는 달랐다.

서구와 달리 한국에서는 절차 민주주의가 미군정에 의해 이식되었기 때문에 해방 후 한국 사회는 전통적 가치, 그리고 사회 내부의 문제와 갈등을 해결할 바람직한 방법에 대해 깊이 고민할 기회를 갖지 못했다.

한국에서는 비록 미군정에 의해서였지만 1948년에 정부 수립을 위해 절차 민주주의가 먼저 도입되었고, 이후 '한강의 기적'이라 불리는 경제성장, 즉 자본주의적 산업화가 높은 단계로까지 끌어 올려졌다. 사실 한국에서는 민주주의 도입과 산업화 사이에 직접적인 인과관계가 있었던 것이 아니

1948년에 치러진 한국 최초의 선거

고, 정부 수립을 위한 절차 민주주의의 도입도 차티스트 운동을 거쳐야 했던 영국의 경우와 비교하면 오랜 시간의 피비린내 나는 투쟁을 거친 것이 아니었다.

한국의 민주화와 서구 사회 민주화의 가장 커다란 차이점은 민주화 과정에서의 '철학적 사유의 전환' 혹은 '반성'의 유무에 있다. 서구와 달리 한국에서는 절차 민주주의가 미군정에 의해 이식되었기 때문에 해방 후 한국 사회는 전통적 가치, 그리고 사회 내부의 문제와 갈등을 해결할 바람직한 방법에 대해 깊이 고민할 기회를 갖지 못했다. 서구의 민주화 과정에는 언제나 철학적 사고의 전환이 함께했다. 자유주의, 보수주의, 사회주의 등 수많은 이념들이 민주화 과정 속에서 만들어졌다. 주권, 공공선, 시민, 사적 소유권, 보통선거권, 자유, 평등, 계약, 국가, 시민사회 등을 이야기하는 큰 담론도 있었지만 하나의 정치 조직이 결사되거나

1945년 건국준비위원
회 수립

마을 협동조합이 출범하더라도 그 시작에는 언제나 철학적 세계관과 사회 윤리, 그리고 미래의 사회상이 놓여 있었다. 그러나 우리는 해방 직후 어떤 깊은 성찰과 반성의 겨를도 없이 민주주의라는 이름으로 특정 절차를 받아들였다.

그런 반성의 시간을 우리 스스로 포기한 것은 아니었다. 해방 직후 우리는 '건국준비위원회(건준)'와 '인민위원회'를 결성하여 우리 식의 민주주의와 민족주의에 기반을 둔 국민국가를 건설할 계획을 가지고 있었다. 일제강점기 중에 우리는 스스로 해방으로 가는 계획과 자주적 국민국가상을 만들어갔다. 문제는 시간이었다. 우리의 계획에는 우리의 시간이 필요했다. 그러나 해방과 함께 미국과 소련 간의 냉전 체제가 시작되었으며, 한반도는 미소 분할 통치 계획에 따라 38선을 중심으로 나뉜 남과 북이 각각 미국과 소련의 군사 정부에 의해 잠정적으로 지배받게 되었다. 이 과정에서 우리의 계획은 우리의 시간을 확보할 수 없었고, 점차 수많은 장벽에 부딪히게 되었다.

38선 이남을 점령한 미국은 무엇보다 앞으로 소련과 대치할 군사 전선을 일본에서 한반도의 38선으로 바꾸고자 했다. 소련과 직접 대치할 최전선이 일본 열도라는 긴 전선에서 한반도라는 작은 지역으로 축소되면 재정적인 부담도 덜고, 일본을 이중 방어막으로 활용할 수 있고, 태평양을 사이에 두고 자국이 직접 소련과 대치하는 상황도 피할 수 있기 때문이었다. 38선 이남이 강력한 냉전 체제의 군사 전선, 즉 가장 효과적인 반공주의 방어막이 되려면 38선 이남에 독자적인 자본주의와 민주주의 체제가 들어서야 했다. 그래서 미국은 한반도에 하나의 국민국가를 건설하는 대신 38선 이남에 반공주의 분단국가를 세우는 일정을 추진해나갔다.

해방 직후 2~3년 사이에 전개된 이 과정은 한국의 민주화 과정은 물론 한국인들의 민주주의에 관한 사고에 엄청난 영향을 끼쳤다. 1945년 9월 서울에 들어와 군정을 실시한 미국이 내린 첫 번째 포고령의 핵심은 미군정 이외의 어떤 정치세력도 인정하지 않는다는 것이었다. 당시 우리는 건준과 인민위원회를 통해서 국민국가 수립을 추진하고 있었으며, 건준은 미군정과 대등하게 협의할 조건을 갖추기 위해 '조선인민공화국'이라는 일종의 국가를 선포했었다. 그러나 미군정은 이러한 모든 자주적 정치 활동을 금지했다. 그 이유는 한반도의 정치가 한국인들의 시간이 아닌 미국의 시간을 기준으로 움직여야 했기 때문이고, 또한 일제강점기에 노동자와 농민들의 지지를 확대해나갔던 사회주의 세력이 민족주의 세력과 합작해 자주적 정치로 미군정에 대항하는 것을 막아야 했기 때문이다.

이에 따라 미군정과 건준은 극도의 긴장 관계에 처할 수밖에 없었다. 그러던 중 1945년 12월 모스크바에 모인 영국, 미국, 소련의 외상들은(모스크바 3상회의) 모스크바 합의문을 채택했으며, 이 합의문에는 '일정 기간 한국을 신탁통치하고 이를 위해 미소공동위원회를 설치한다'는 내용이 담겨 있었다. 이 신탁통치라는 말이 며칠 후 신문을 통해 "소련의 제2의 식민 통치 주장"이라는 표현과 함께 한국인들에게 전해졌을 때, 38선 이남은 당시의 모든 정치 역학을 뒤흔드는 거대한 정치적 소용돌이, '반탁운동'에 빠져들게 되었다.

사실 모스크바 합의문에 담긴 신탁통치는 식민 통치가 아니라 오히려 한반도에 자주적인 국민국가 수립을 확정하는 중요한 정치 과정을 의미했다. 모스크바 3상회의는 한국에 관하여 '독립국가 건설을 위한 임시정부 수립', '임시정부 수립을 위한 미소공동위원회 구성', 그리고 '한국의 완전한 독립까지 미국, 소련, 영국, 중국 4개국의 최대 5년간 신탁통치'를 결정했다. 합의문대로라면 적어도 5년 안에 한반도에 자주적 국민국가가 수립될 수 있었고, 5년 후인 1950년에는 한국전쟁이 일어나는 대신 통일국가를 수립할 수 있었다는 이야기다.

반탁운동

그러나 이 합의문이 38선 이남에 잘못 전달되자, 대부분의 한국인들이 합의문을 거부하기 시작했다. 그뿐만 아니라 소련에 대한 민족주의적 적대감이 폭발하면서, 소련의 사회주의 노선과 관련이 있었고 당시 대부분 소련의 제안으로 이루어져 있던 모스크바 합의문을 지지한 좌익 세력은 급격히 대중적 지지를 잃게 되었다. 반대로 해방 직후 건준의 지도력 아래에서 힘을 잃고 있던 우익 세력은 '신탁 반대=소비에트 반대=공산주의 반대=민족주의'에 기초한 '반공주의'를 자신들의 정치적 이데올로기로 내세우면서 건준의 좌익 세력을 견제하기 시작했다. 반탁운동과 좌우 대립으로 빛을 잃은 모스크바 합의문이었지만, 미소 간의 일정은 예정대로 추진되어 1946년 봄 덕수궁에서 임시정부 수립 계획을 논의하기 위한 미소공동위원회가 열렸다. 그러나 미국과 소련은 돌아올 수 없는 강을 건너게 되는 논쟁에 빠져들었다. 그것은 바로 민주주의에 관한 논쟁이었다.

임시정부 수립을 위해서는 이 정부에 참여해 헌법과 정상 정부를 만들 정치적 대표자들을 선출해야 했다. 미국과 소련은 임시정부에 참여할 후보자의 자격 등에 대해 논쟁을 벌였다. 소련은 친일 부역 경력이 있거나 모스크바 합의문에 반대하는 정당과 사회단체는 임시정부에 참여할 수 없다는 입장이었다. 미국은 모든 사람에게 의사 표현의 자유가 있고, 공정하고 균등한 정치 참여의 기회가 보장되어야 하므로 모스크바 합의문의 신탁통치를 반대한다고 해서 임시정부 참여를 제한할 수는 없다고 주장했다. 양측은 한반도에 자신들에게 보다 우호적인 정부를 수립하고자

1948년 8월 대한민국 정부가 수립되는 과정에서 미군정은 정당 중심의 의회 정치와 선거에 기반을 둔 민주적 제도들을 도입했다. 미국에 의한 민주주의의 제도적 이식, 즉 빠르고 압축적인 민주화 과정은 우리로 하여금 철학적 성찰과 반성의 기회 등 많은 것들을 생략하고 버리게 했다.

1948년 대한민국 정부수립

했다. 소련이 친소 좌익 정부를 세우려고 했다면, 미국은 당시 좌익 세력이 주도권을 쥐고 있던 정치 공간을 흔들어 친미 우익 세력의 힘을 키우고자 노력했다.

소련과 미국은 내용상의 정당함으로서의 민주주의(실질적 민주주의)와 절차상의 공정함으로서의 민주주의(형식적 민주주의)를 각각 내세우며 논쟁을 계속했지만, 결국 합의점을 찾지 못한 채 공동위원회를 결렬시켰다. 이로써 남과 북은 각각 미국과 소련의 군정 아래에서 서로에게 적대적인 분단국가를 수립하는 정치 일정에 들어서게 되었다. 이후 38선 이남은 미군정의 통치 아래 과도입법위원회를 구성하고 총선거를 실시하고 헌법을 제정했으며, 1948년 8월 대한민국 수립을 선포했다.

이 과정에서 미국은 대한민국 수립 과정에 필요한 제도로서 절차 민주주의, 즉 정당 중심의 의회 정치와 선거에 기반을 둔 민주적 제도들을 도입했다. 성인 남성은 물론 성인 여성에게도 선거권이 주어졌고, 복수 정당과 대통령제 같은 민주적 통치 구조도 당시 틀을 잡을 수 있었다. 미국에 의한 민주주의의 제도적 이식은 한국이 소모적 갈등을 겪지 않고 빠르게 압축적으로 제도적 민주화의 단계에 진입하게 했다. 그러나 이러한 빠르고 압축적인 진행은 우리로 하여금 적지 않은 것들을 생략하고 버리게 했다. 그중 대표적인 것이 바로 앞에서 언급한 철학적 성찰과 반성의 기회이다.

가슴 아프게도 한국에서 대부분의 절차 민주적 제도들은 사회적 합의에 의해 이루어진 것이 아니라, 힘의 역학 관계에서 갈등을 덮어버리기 위한 방법으로서 동원되었다고 할 수 있다. 1948년에 성인 남녀 모두를 포함하는 보통선거권이 시행된 것은 전 세계 어느 나라와 비교해도 앞섰다고 할 수 있을 만큼 대단히 소중한 민주적 성과였다. 하지만 이는 한국인들의 거대한 사회적 합의가 아니라 미군정의 필요에 따른 것이었다. 여기에는 대단히 크고 중요한 차이가 있다.

사회적 합의,
그 붕괴의 현대사

민주주의를 논의하고 제도화하는 과정에서 철학적 성찰과 반성은 매우 중요하다. 헌법 제정에서부터 정당의 강령을 만들거나 마을 공동체의 계획을 세우는 것에 이르기까지 의사 결정 과정에서는 의사 결정 그 자체보다 절차의 원칙에 합의하고 그 원칙을 지키는 것이 더 중요하다. 결정된 내용이 얼마나 정당성이 있고, 설득력이 있고, 쉽게 번복되거나 흔들리지 않을 수 있는지가 절차에 달려 있기 때문이다.

대한민국 헌법 수립의 절차가 그리 순탄하지 않았음은 잘 알려진 사실이다. 분단국가 수립을 반대하는 세력과 반공주의를 내세워 분단국가 수립 후 통일을 이루자는 세력 사이의 대립이 너무도 컸기 때문이다. 이 과정에서 좌우 대립은 4·3항쟁을 낳는 등 피를 멈추지 않았고, 미군정과 우익 세력의 힘은 비교할 수 없이 커졌다. 대한민국 헌법은 절차를 통해 승인되었지만, 그 절차의 원칙은 사회적 합의보다는 동원된 공포에 의해서 정해진 것이었

4·3항쟁

'제주 4·3사건 진상 규명 및 희생자 명예회복위원회' 가 정의한 제주 4·3항쟁은 다음과 같다. "1947년 3월 1일 경찰의 발포 사건을 기점으로 하여, 경찰·서북청년단의 탄압에 대한 저항과 남한의 단독선거·단독정부 반대를 기치로 1948년 4월 3일 남로당 제주도당 무장대가 무장봉기한 이래 1954년 9월 21일 한라산 금족 지역이 전면 개방될 때까지 제주도에서 발생한 무장대와 토벌대 간의 무력 충돌과 토벌대의 진압 과정에서 수많은 주민들이 희생당한 사건."

다. 따라서 헌법과 대한민국의 정통성이 처음부터 사람들에게 쉽게 받아들여지지 못했다.

만일 당시의 민주적 제도와 절차가 시간이 걸리고 힘이 들더라도 사회적 합의를 통해서 이뤄졌다면 어땠을까? 적어도 좌우 간의 갈등이 그리 심각하지 않을 수 있었을 것이고, 사람들도 처음부터 국가의 정통성을 쉽사리 인정할 수 있었을지 모른다. 그뿐만 아니라 이승만이 정권 연장을 위해 그렇게 쉽게 부정한 방법으로 헌법을 수정하고 각종 민주적 절차들을 파괴하지는 못했을 것이다. 4월혁명을 촉발한 부정선거도 쉽게 발생하지 않았을 것이다. 사회적 합의의 무게가 컸을 것이고, 어떤 정치 세력도 쉽게 그 합의를 부정할 수는 없었을 것이기 때문이다. 그래서 박정희의 5월 쿠데타와 유신헌법 선포, 그리고 전두환의 광주 학살과 장기 집권을 위한 개헌 및 철권통치가 대단히 슬픈 정치사일 수밖에 없는 것이다.

이승만

박정희

박정희는 우리가 처음으로 그리고 대단히 감동적이고 힘 있게 이루어낸 사회적 합의의 결과인 제2공화국의 헌법 질서를 쿠데타로 반나절 만에 무너뜨렸다. 제2공화국의 장면 정권이 무능한 정권이었다 할지라도 그것을 해결하는 것은 장면 정권을 출범시킨 시민들 자신의 몫이었다. 시간이 걸리더라도 성찰과 반성 속에서 새로운 힘을 키우고 그 힘으로 더 좋은 장면 정권을 만들거나 새로운 정권을 출범시키면 되었다. 그러나 박정희의 쿠데타는

전두환

유신 체제와 유신헌법

유신 체제는 1972년 10월 대통령 박정희가 비상계엄 선포를 통해 국회해산, 정당 및 정치 활동 중지를 단행한 뒤 입법·행정·사법의 3권을 대통령에게 집중시키고, 대통령 선거를 국민에 의한 직접선거가 아니라 통일주체국민회의에 의한 간접선거로 바꾸면서 시행한 권위주의적 대통령제를 말한다. 1972년 12월 유신헌법이 제정되면서 유신 체제가 확립되었다. 유신 체제 아래 박정희 대통령은 영구 집권이 가능하고, 헌법에 우선한 긴급조치령을 내릴 수 있으며, 국회의원 정원의 3분의 1을 선거 없이 임명할 수 있는 사실상 1인 독재 체제를 완성했다.

이러한 모든 성찰과 반성의 시간을 삭제해버렸다.

1972년 10월의 유신 체제 선포와 유신헌법 제정도 마찬가지였다. 박정희는 1971년 4월 제7대 대통령 선거에서 야당 후보 김대중과의 접전 끝에 당선된 후 정치적 상황이 자신의 정권 연장에 위기를 만들고 있다고 판단해 통치 전략을 급히 바꿨다. 유신 체제를 선포하고 유신헌법을 제정한 것이다. 그는 자신에게 제기되는 여러 사회적 비판과 도전들이 더 이상 기존의 제도와 절차로는 도저히 해소될 수 없고, 스스로도 정치적 권위를 재신임받을 수 없다고 판단하여, 권력을 휘둘러 본인의 정권을 지키려 한 것이다.

이 상황에서 박정희가 자신에게 충성하는 집단은 물론 정적 및 대중들과 함께 현 상태를 성찰적으로 진단하고 사회적 합의를 이루는 시간을 가졌다면 그 결과는 어떠했을까? 1961년 5월의 쿠데타로 그랬던 것처럼 박정희는 당시 사람들이 한 발 한 발 차근차근 만들어나가려 했던 사회적 합의 틀과 민주주의를 또다시 강제적으로 뒤집어엎었다. 대의명분도 사회적 합의도 바탕이 되지 않은 유신 체제와 헌법이 반민주적인

1961년 5월 쿠데타 당시 시청 앞 광장에 모인 쿠데타 세력

만일 대한민국 헌법 수립 당시에 민주적 제도와 절차가 시간이 걸리고 힘이 들더라도 사회적 합의를 통해서 이뤄졌다면 어땠을까? 적어도 좌우 간의 갈등이 그리 심각하지 않을 수 있었을 것이고, 사람들도 처음부터 국가의 정통성을 쉽사리 인정할 수 있었을지 모른다.

것은 이런 점에서도 분명하다.

박정희가 경제성장과 빈곤 탈출이라는 '기적'을 만들었음에도 반쪽 평가를 받는 것은 그가 민주주의를 무시한 만큼 우리의 빠르고 압축적이며 의존적인 경제성장의 어두운 면을 성찰하거나 성장의 방향을 사회적 합의를 통해 정하는 과정을 철저히 무시했기 때문이다. 그래서 박정희 신화는 경제성장의 기적의 신화가 아니다. 박정희 신화는 한국인들이 아무리 노력해서 사회적 합의를 이룬다 해도 강력한 지도자에 의해 쉽게 짓밟히기 때문에 사회적 합의보다 차라리 내가 순종할 수 있는 강력한 지도자를 꿈꾸는 게 낫다는 것을 이야기해주는 신화다. 그래서 어떤 민주주의를, 어떤 세상을 만들까가 아니라 어떤 지도자를 지지할까가 저잣거리의 정치 화두가 되어버렸다. 박정희 신화 속에서 이후 사람들은 사회적 합의보다 자신들이 위임한 권력에 더 크게 의존하고, 원치 않는 제도들이 강제로 시행되어도 비판하거나 도전하기보다는 순종하고 적응하는 데 익숙해지도록 길들어갔다.

전두환의 경우도 마찬가지였다. 광주항쟁을 총과 탱크로 진압하고 자신의 불법적인 정권 찬탈을 합법화한 전두환 정권은 목적을 위해 수단과 방법을 가리지 않는 가장 야만적인 권력의 모습을 극명하게 드러냈다. 유신 체제와 마찬가지로 전두환 정권은 민주주의가 숨을 쉴 수도 싹을 틔울 수도 없는 공간을 강제로 만들었다. 전두환 정권이 7년 장기 집권 동안 보여준 권력의 모습

1987년 6월항쟁

전두환 정권은 민주주의가 숨을 쉴 수도 싹을 틔울 수도 없는 공간을 강제로 만들었다. 전두환 정권이 7년 장기 집권 동안 보여준 권력의 모습은 숙청과 배제, 제거와 살육이었고, 이것은 좌우를 망라하고 이후 한국 정치 세계의 의식과 무의식 구조에 큰 영향을 미쳤다고 할 수 있다.

6월항쟁

1987년 대통령 전두환이 대통령 직접선거제를 요구하는 국민들의 뜻을 거슬러 대통령 7년 단임제와 간접선거제를 유지하는 '4·13호헌조치'를 발표하면서 시작된 전국적인 민주화 항쟁. 박종철 고문치사 사건, 최루탄에 맞은 이한열의 사망에 대한 국민들의 분노가 함께 표출된 반독재 민주화 항쟁이었다. 항쟁 결과 9차 개헌을 통해 대통령 직선제를 비롯한 민주화가 시작되었다.

은 숙청과 배제, 제거와 살육이었고, 이것은 좌우를 망라하고 이후 한국 정치 세계의 의식과 무의식 구조에 큰 영향을 미쳤다고 할 수 있다.

이와 달리 9차 개헌된 6공화국 헌법이 그 수많은 개헌 논의에도 불구하고 어떤 정치세력에 의해서도 쉽게 개헌 절차에 들어가지 못하는 것은 바로 6월항쟁이라는 거대한 사회적 합의 과정에서 그 헌법이 태어났고, 그만큼 사람들이 그 헌법을 법적 권위로서만이 아니라 사회 윤리적 권위로서 받아들이고 있기 때문이다.

진동하는 민주주의,
구성과 전복 사이에서

민주주의가 현대 정치의 기본 원리가 되는 것은 바로 민주주의가 헌법을 중심으로 하는 정치사회적 의사 결정의 질서를 '구성'하는 원리이기 때문이다. 민주주의가 구성 원리라는 것은 제도로서의 민주주의를 이야기하는 것이다. 제도로서의 민주주의는 의사 결정 과정을 안정되게 하고, 그 결과를 누구나 인정하도록 보장하는 기능을 한다. 합의된 제도가 없으면 사람들은 각자의 방식대로 의사 결정을 하려 할 것이고, 이것은 어느 누구도 인정할 수 없는 의사 결정이 되어버린다. 누구나 합의할 수 있는 의사 결정 과정을 만든다는 측면에서, 민주주의는 제도이다. 이 제도는 더 많은 사람들이 더 평등하게 의사 결정 과정에 참여할 수 있도록 하고, 혹시 어떤 문제가 발생했을 경우, 이 문제가 어떤 충돌이나 희생 없이 잘 해결되도록 또 다른 제도적 장치를 파생시키기도 한다.

또한 제도로서의 민주주의는 인정認定이나 관용과 같은 사회적 민주주의가 현대 정치의 기본 원리가 되는 것은 바로 민주주의가 헌법을 중심으로 하는 정치사회적 의사 결정의 질서를 '구성'하는 원리이기 때문이다. 민주주의가 구성 원리라는 것은 제도로서의 민주주의를 이야기하는 것이다.

인식도 다룬다. 이방인, 적, 낯선 현상에 대한 한 사회의 인정과 관용의 수준에 따라 그 사회의 제도가 달라진다. 예를 들어 미국의 경우 동성 결혼에 대한 법적 인정 여부가 종교문화적 정서에 따라 주州마다 다르다. 또한 이주민에 대한 법이나 사회적 보호 장치가 국가마다 다르다.

미국으로 불법 이주하려는 멕시코인들을 저지하는 미국 경찰들

    중요한 것은 제도로서의 민주주의는 언제나 '경계'를 가지고 있다는 것이다. 어떤 제도가 인정받는다는 것은 그 제도를 통해 합의된 내용이 인정받는다는 것이다. 이것은 제도가 그 의사 결정 과정에 참여하는 사람의 자격, 그리고 결정 사항이 적용되는 (그것이 복지 정책이든 전쟁을 위한 군사동원이든) 범위 등에 대한 기준도 이끌어낸다는 것이다. 만일 구성원들이 합의 결과를 인정하지 않거나 제도 자체를 부정한다면, 제도에 기반을 둔 사회는 혼란에 빠지게 될 것이다. 따라서 제도를 유지하기 위해서는 (혹은 제도가 작동하는 사회를 유지하기 위해서는) 제도를 지키는 힘이 필요하다. 그런데 제도와 달리 이 힘은 반드시 민주적일 필요는 없다. 그 힘은 환상이나 공포, 신화 체계일 수 있고, 국가 폭력과 같은 것일 수도 있다. 조국의 위기, 전쟁, 사회 혼란, 경제 침체와 같

은 공포가 유포되기도 하고, '우리 민족'과 '적'을 규정하는 신화가 동원되기도 한다.

어떤 민주적 제도도 시간이 지나고 가치가 바뀌면서 낡은 것이 될 수 있다. 낡아버린 제도란 처음과 달리 점차 인간의 생명을 위협하고 관계를 불평등하게 만드는 데 사용되게 된 제도이다. 그 제도는 더 이상 어떤 명분으로도 민주적이라 정당화될 수 없게 된다. 그렇다면 그 낡은 제도는 마땅히 해체되어야 한다. 하지만 '현재의 제도'를 해체하는 것은 대단히 어려운 일이다. 그것은 바로 현재의 제도를 유지하는 '힘'에 대한 도전이자, 그 힘을 힘으로 만드는 환상, 공포, 신화, 폭력, 권력 관계에 대한 도전이기 때문이며, 이 힘을 대체할 새로운 힘을 만들어야 하기 때문이다.

문제는 수많은 민주주의 연구가들이 지난 수십 년 동안 민주주의라는 말을 붙이기 적절하다고 여겨지는 제도들 자체의 내적 메커니즘에 지나치게 소모적인 관심을 쏟아부어 왔다는 것이다. 이것은 그 메커니즘이 작동하는 공간을 결정하는 '경계선'이 만들어진 피의 역사와, 그 경계선 밖으로 내몰리고 배제되어 찌꺼기 취급을 받는 '사회적 약자들'의 존엄성을 전혀 고려하지 않기 때문에 커다란 문제가 된다. 따라서 경계선 형성의 역사, 그리고 경계선이 여전히 유지되도록 하는 권력 관계를 파악하는 것이 민주주의의 영역과 시민권의 적용 범위를 확장시키는 일차적인 작업이라 할 수 있다.

그렇다면 권력 관계 또는 현재의 제도를 유지하는 힘이 존재하는 특정 민주적 제도를 어떻게 바꿀 수 있을까? 어떻게 해야 그 제도의 경계를 해체하고 다시 구성할 수 있을까? 애초에 특정 제도를 민주적으로 만들 때 그 경계의 힘조차 민주적으로 만들었어야 하는 것은 아닐까? 민주적 제도가 민주적이지 않을 때 제도를 보다 민주적으로 개선할 수 있으려면 그 과정이 현재의 제도를 유지하는 힘에 의해 제도적으로든 가치로든 보장되어야 하는 것 아닐까? 헌법 그 자체 혹은 헌법의 어느 조항이, 혹은 국회 내 정당 간의 정쟁뿐인 공방이, 어떤 시행 정책이 개개인의 생명과 사회를 보호하는 것이 아니라 오히려 생명을 위협하고 국민의 고통을 증가시키고 있다면, 사회 구성원들은 어떻게 기존 제도를 통한 '사회적 합의'를 넘어서 그 제도를 개선하거나 새롭게 만들어낼 수 있을까?

그래서 민주주의는 한편으로는 사회를 안정되게 구성하는 사회적 합의와 제도화를 위한 '구성의 원리logic of constitution'로서 기능해야 하고, 다른 한편으로는 그 사회적 합의(법, 제도, 정책 등)가 민주적 가치에 따라 제대로 작동하고 있는지를 감시하고 개선할 수 있는, 나아가 그 사회적 합의를 유지하는 어떤 '힘'이 권위적으로 변질되는 것을 막거나 권위적으로 변질된 힘을 민주적인 것으로 전복시킬 수 있는 '전복의 원리logic of subversion'로 기능해야 한다.

즉 민주주의는 그 자체가 만들어내고 인정한 여러 현행 제도, 기구, 장치들(대표적으로 정당과 선거, 헌법 등)이 언제나 민주적인가를 감시하는 원칙이자 실천이어야 한다. 4월혁명이나 6월항쟁 등을 통해 부활한 민주적 헌법, 정당 정치, 선거 등은 민주주의의 상징일 수 있다. 그러나 그러한 상징들이 정치 엘리트 구조를 더욱더 단단하게 만들어 서민들의 요구를 주요 정치 의제에서 점점 멀어지게 한다면, 그것은 대의제 민주주의뿐만 아니라 생명을 보호하는 민주적 가치에도 반하게 된다. 전두환 정권의 폭압이 극에 달했던 1986년 신민당이 제1야당으로 등장했을 때, 그리고 2004년 민주노동당이 10명의 국회의원을 당선시켰을 때 사람들은 새로운 세상에 대한 희망을 발견하기보다 한국 정치의 엘리트 구조가 얼마나 단단했었는지를 실감했다. 4월혁명, 광주민주화운동, 6월항쟁, 노동자 총파업 등과 같이 기존의 사회적 합의 틀과 제도를 넘어선 '전복적인' 민주적 실천들이 없었다면 우리는 어느 시절의 '민주적 제도'에서 어떻게 살았을까?

　따라서 사회는 사회적 합의를 구성하고 정치적 의사 결정 과정을 제도화하는 '구성의 원리'로서의 민주주의를 필요로 하면서도, 민주적 결과물들을 민주적으로 지속시키기 위해서 그 결과물(법, 제도 등)을 유지하는 힘의 기원과 본질에 대해 끊임없이 민주적으로 탐구하고 질문을 제기하는 '급진적' 실천을 요한다. 그렇지 않을 경우, 우리는 민주주의가 내포하고 있는 위험, 즉 전체주민주주의가 전체주의라는 함정에 빠지지 않으면서 계속 민주적이고, 따라서 계속해서 생명과 사회를 보호하는 제1원칙이 되기 위해서는, 사회가 민주주의를 제도를 넘어서 생활양식으로 받아들여야 한다.

의의 늪에 빠질 수 있다. '사회적 합의'라는 이유만으로 그 합의의 그늘과 문제에 대한 비판을 묵살하거나 혹은 비판자들을 사회의 적으로 간주하는 것은 사회적 합의 그 자체가 아니라 그 합의 뒤에 숨어 있는 '어떤 힘'을 영원히 붙잡으려는 욕심 때문이며, 이것은 민주주의의 한 특징인 '구성의 원리'를 지나치게 강조하면서 나타나는 전체주의적 함정이다.

누군가가 특권을 유지하고, 더 편하고, 자신이 필요로 하는 자원에 보다 쉽게 접근하기 위해서는 다른 자들을 배제하고, 그 배제된 자들의 불만을 잠재우기 위해 특권적인 지배-피지배 관계를 당연한 것으로 만들어야 한다. 즉 자신의 특권이 탄생한 기원을 당연한 것으로 만들어야 한다. 그들은 근대 민주주의의 가치인 자유와 평등이 왜 남성에게만, 왜 자국민에게만, 왜 애국자들에게만, 왜 납세자들에게만 적용되어야 하는지를, 종교적 위계질서, 경제성장, 민족주의, 반공주의, 국가안보 등의 환상과 신화를 동원해서 납득시킨다.

그러므로 민주주의가 전체주의라는 함정에 빠지지 않으면서 계속 민주적이고, 따라서 계속해서 생명과 사회를 보호하는 제1원칙이 되기 위해서는, 사회가 민주주의를 제도를 넘어서 생활양식으로 받아들여야 한다. 생활양식으로서의 민주주의는 언제나 제도로서의 민주주의를 감시한다. 제도로서의 민주주의가 생명에 반하는지, '구성의 원리'로서의 민주주의가 전체주의의 늪에 빠지지 않는지를 생활양식으로서의 민주주의는 언제나 감시한다. 현재의 제도와 원리가 생명에 반하고 전체주의로 변질되어가는 듯하면, 생활양식으로서의 민주주의는 그 제도와 원리를 전복시키고 민주적 가치를 회복시키는 급진적 원리, 즉 '전복의 원리'로서 작동하게 된다.

그러나 민주주의가 전체주의라는 함정에 빠지지 않도록 끊임없이 민주주의에 대해 급진적으로 질문하고 도전하는 '전복의 원리'는 중요한 한계를 가지고 있다. 민주주의의 전복성이 지나치게 강조된다면, 어떤 사회도 안정적으로 유지되기 어려워진다는 것이다. 원칙 없는 사회에서 개개인의 생명이 보호받는 것은 더욱 어려워진다. 결국 만인 대 만인의 투쟁만이 존재하는 근대적 자연 상태에 빠질 수밖에 없을 것이다. 어떤 사회적 합의든 그 다음 날이면 무너져버리고, 또 다른 사회적 합의가 만들어진다 해도 사람들이 그 합의의 가치를 인정하지 않는다면 과연 사회라는 것이 존재할 수 있을까? 거리의 시위는 새로운 대안 사회로 가지 못하고 내일이 없는 폭동으로 전락할 것이며, 군사 반란과 같은 반민주적인 행태가 빈번해질 수 있다. 극심한 좌우 대립으로 사회적 합의가 불가능했던 해방 이후의 한국 사회가 대표적인 경우이다. 결국 좌우 대립은 좌우 테러로 악화되었으며, 민주적 원칙이 아닌 힘의 논리에 지배당하게 되었고, 분단과 한국전쟁이라는 만인 대 만인의 투쟁으로 빠져버렸다. 이후 이승만 정

제도로서의 민주주의(민주주의의 구성성)와 감시와 도전으로서의 민주주의(민주주의의 전복성)가 한쪽으로 고정되지 않고 서로를 향해 끊임없이 진동하고 움직일 때 민주주의는 전체주의의 늪에 빠지지도, 대혼란의 자연 상태로 돌아가지도 않으면서 생명을 위한 소중한 제도이자 실천이 될 수 있다.

권의 반민주적 개헌은 4월혁명이라는 새로운 사회적 합의의 탄생으로 막을 내릴 때까지 걷잡을 수 없이 반복되었다.

따라서 민주주의의 한 축인 전복의 원리가 언제나 구성의 원리를 지향해야 사회 내 개개인이 생명의 위협과 두려움을 느끼지 않고 보호받을 수 있다. 따라서 제도로서의 민주주의(민주주의의 구성성)와 감시와 도전으로서의 민주주의(민주주의의 전복성)가 한쪽으로 고정되지 않고 서로를 향해 끊임없이 원활하게 진동하고 움직일 때 민주주의는 전체주의의 늪에 빠지지도, 대혼란의 자연 상태로 돌아가지도 않으면서 생명을 위한 소중한 제도이자 실천이 될 수 있다. 불이 꺼지지 않아야 하듯, 심장이 뛰어야 하듯, 민주주의 또한 어느 한쪽에 멈추지 않고 구성성과 전복성 사이에서 진동할 때, 바로 그 진동성이 민주주의를 민주적으로 만드는 가장 중요한 본질이 될 것이다.

이런 측면에서 보면, 제도든 이념이든 어떤 민주주의가 제대로 된 민주주의인지를 판단하기 위해서는 최소한 두 가지 기준을 확인해야 한다. 하나는 민주주의가 생명을 보호하는 사회 구성의 원리로서 제대로 기능하고 있는지 여부이고, 다른 하나는 사회가 민주주의란 이름으로 전체주의적 폭력에 빠져 생명을 위협하는 괴물로 변해가고 있는지 여부이다. 전체주의에 대한 견제는 아무리 강조해도 지나치지 않을 것이다. 지난 20세기의 역사는 전체주의가 근대적으로 다양해지는 과정이었고, 우리는 민주주의라는 환상 속에서 그것이 민주화라고 착각하며 살았는지도 모른다. 어쩌면 우리가 싸워야 할 것은 '반反민주'가 아니라 '전체주의'이며, 그 싸움은 '적'과의 싸움이 아니라 어떤 것이든 '적'으로 만드는 '우리' 자신과의 싸움일 것이다.

그래도 길을 걷다

민주주의라는 머리, 연대連帶라는 가슴이 자유주의라는 두 다리에 실려 자유롭고 평등한, 그래서 서로 간에 아무런 조건과 장벽 없이 진실한 사랑을 나눌 수 있는 곳을 향한다. 그곳을 사회주의라, 사회 민주주의라, 대동 세상이라, 하느님 나라라, 극락이라 굳이 말할 필요는 없다. 사실 민주주의는 새로운 것이 아니었다. 그저 사람들이 머리를 맞대고 의논하던 행위가 사람들에게 자유와 평등이라는 아름다운 느낌을 만들어주자 서서히 퍼져나가기 시작한 것이다. 수천 년을 흘러오면서 민주주의에도 지울 수 없는 상처가 수없이 생겼고, 눈물 마를 날도 없었다. 그럼에도 불구하고 사람들은 상처를 보듬고 눈물을 닦아가며 민주주의라는 언제 도달할지 알 수 없는 저 먼 목적지를 향해 하염없이 길을 걷는다.

민주주의에는 신이 정한 영원불변의 교리가 없다. 그래서 사람들은 평등하게 머리를 맞대고 스스로의 운명을 자유롭게 결정하며 운명을 개척하고 역사를 써나갈 수 있다. 그래서 민주주의의 길을 걷는 우리는 때로는 함께하는 자들의 슬픔과 기쁨을 함께 느끼고, 불평등과 자유를 억압하는 폭력 앞에서 용감히 싸우기도 한다. 그렇게 살아가기를 주저하지 않는다. 적어도 우리가 민주주의자라면 말이다.

연대, 민주주의의 영원한 동반자

최근 한국 사회에서 민주주의와 함께 자주 사용되는 용어가 '연대'이다. 연대는 무엇보다 민주주의를 '경쟁'의 제도화라는 신자유주의적 의미에서 다시 생명의 보호라는 근대적 가치로 구출하려는 지적 노력이라고 볼 수 있다. 연대는 민주주의가 제도를 넘어서 생활양식으로 발전하는 데 중요한 가치이자 실천이다. '연대'라는 말은 '연대보증'을 의미하는 프랑스의 법률 용어에 기원을 두고 있다. 프랑스 법에서 '연대solidarité'는 고대 로마법의 전문용어인 '공동체의 책임(공통의 의무, 보증)'의 법적 의미를 그대로 유지하고 있으며, 프랑스 계몽주의자 디드로와 달랑베르는 《백과전서Encyclopédie》에서 연대를 '여러 채무자가 자신들이 빌렸거나 빚진 액수를 되돌려줄 각오가 되어 있음을 인정하는 어떤 의무'를 특징으로 한다고 설명했다. 확대해보면, 연대는 구성원 모두가 저마다 상태가 다르고 신분이 다르지만, 마치 육체를 구성하는 유기적 부분처럼 각 구성원이 경험하는 고통을 함께 느끼고 공동으로 대처하는 생활 방식이라 할 수 있다. 연대는 개개인의 육체가 따로따로 고통과 행복을 느끼는 것이 아니라, 함께 숨 쉬며 생명을 유기적으로 유지해나가는 것과 같다. 따라서 연대는 공동체적 가치의 관점에서 한 사람 한 사람의 생명에 대한 공동 책임을 포함한다고 말할 수 있다. 이것이 바로 연대가 신자유주의적 자유경쟁과 대립하면서 대안적 가치이자 생활양식으로 제시되는 이유이다.

이와 달리, 신자유주의는 마치 도마뱀이 자기 꼬리를 자르듯 오히려 공동체의 위기조차 몇몇 개인의 육체에 전가하려고 한다. 신자유주의는 개인의 고통에 대한 타인들의 공감을 인정하지 않으며, 오히려 '타자'의 고통이 '나'에게 위협으로 다가올 것에 대비하여 타자의 고통을 인정하지 않고 은폐하려 하는 경향을 보인다.

연대는 민주주의의 가치를 생명에서 시장과 자본으로 변질시킨 신자유주의의 문제를 극복할 수 있도록 도와준다. 연대는 사회에서 같은 조건에 있고 동등한 권리를 가진 '시민'들이 자신들의 특권을 지키기 위해 동맹을 맺는 수준에 머물지 않기 때문이다. 오히려 연대는 그런 특권 집단들의 제도로부터 소외된 자들이 특권 집단들과 함께 새로운 윤리적 공동체를 구성하는 과정이다. 왜냐하면 연대는 '지금' 고통을 겪는 자와 겪지 않는 자가 서로를 위해 함께 고통에 대처하는 방식이자, 나와 동등하지도 일치하지도 않는 다른 상태의 사람들과 서로 협력하고 지지하는 방식이기 때문이다.

기독교의 경전 〈누가복음〉 10장에 나오는 '선한 사마리아인' 이야기는 연대가 '지금', '누군가', '고통'을 겪고 있는 상황에서 오로지 고통의 해소 혹은 경감에 집중하는 행위임을 말해준다. 연대는 모든 생명을 중시하는 가장 민주적인 실천이라고 할 수 있다. 유대의 율법사가 던진 '누가 내 이웃인가?'라는 질문에, 예수는 강도 만난 자의 곁을 지나친 제사장, 레위인, 그리고 그들이 이방인으로 취급하는 사마리아인 중 '누가 강도 만난 자의 이웃인가?'라는 질문으로 답한다. 율법사의 이웃이 율법사와 같은 위치의 집단들이라면, 예수의 이웃은 '강도를 만나 생사의 기로에서 고통받는 자'를 돌보는 자, 즉 자신과 다른 이의 고통에 대해 연민을 품고 그 고통을 함께 해결하려는 자이다. 이처럼 연대는 나 자신의 조건과 위치를 넘어서 사회적 관계를 맺는 데 가장 기본이 되는 것으로, 서로의 생명에 대한 연민과 서로의 고통을 덜어주려는 실천을 통해 형성된다. 연대는 고대 아테네와 로마의 '시민 덕성', 그리고 이탈리아 공화정이 꿈꿨던 '비르투'가 중심이 되는, 사람과 사람 사이의 관계이자 윤리이다.

연대는 어떤 특권이나 큰 몫을 가진 사람들이 그보다 못한 사람들에게 베푸는 단순한 시혜가 아니라 기존의 관계를 넘어서 서로 간에 새로운 관계를 만드는 과정을 필요로 한다. 다시 말해서 연대는 기존의 사회·윤리적 관계를 뒤틀어 그 관계에 담겨 있던 권력관계의 특성이 드러나게 하고, 그 관계에 도전하고 그 관계를 급진적으로 전복시켜서 고통을 '치유'하는 행위이다. 정규직 노동자와 비정규직 노동자들의 연대는 기존의 임노동 관계를 재구성하는 실천이라고 할 수 있다. 호주제 폐지, 동성 결혼 허용, 일부일처제 중심의 결혼 제도 해체, 불법체류 이주노동자의 인권 보호, 무상 의료, 무상 교육, 사형제 폐지 등도 기존 제도와 사회적 관계를 뒤트는 연대적 상상력의 결과라고 할 수 있다. 나아가 남성주의와 성장주의에 맞서 양성평등을 추구하고 생태주의적 가치를 통해 과도한 신자유주의적 소비문화와 산업화를 전복시키며 더 좋은 사회를 만들어나가는 것도 반드시 연대적 실천을 통해야 한다.

따라서 연대는 현재 사용되는 지배 언어(법, 제도, 첨단 과학, 학문과 지식, 관습, 윤리체계 등)가 사회적 약자들의 존재를 가리거나, 현 제도에 대해 문제를 제기하는 자들을 '범죄자'나 '비정상인'으로 취급하지 못하게 하는 것을 포함한다. 지배 언어는 보통 가장 합리적인 것으로 여겨지지만, 때로는 지배 언어에 기반을 둔 사회적 합의와 제도에 대한 도전을 비정상적이거나 소통의 대상이 아닌 것으로 취급하면서 민주주의가 구성과 전복 사이에서 '민주적'으로 진동하는 것을 어렵게 한다. 따라서 연대는 기존 지배 언어 대신 새로운 언어를 생산하는 실천이기도 하다. 패러다임의 전환이라고도 볼 수 있는 이 새로운 언어의 출현은 기존의 권력관계가 더 이상 절대적이거나 영원하지 않다는 것을 드러내면서, 현재의 특권과 불평등한 관계를 부정하고 새로운 사회적 관계를 제시한다. 어떤 절대적 특권도 인정하지 않는 연대는 바로 현대판 앙시앵 레짐을 전복시킬 수 있는 현대판 민주주의 혁명(그러나 적을 제거하는 것이 아니라 적을 친구로 만드는 혁명)이라고 할 수 있다.

● 개념의 연표 — 민주주의

- 기원전 594 | 솔론의 개혁
  그리스 아테네에서 민주주의 발전 시작

- 기원전 508 | 클레이스테네스 집권
  도편추방제 등 민주적 개혁 시행

- 기원전 462 | 페리클레스 집권
  아테네 민주주의의 황금기

- 기원전 431~404 | 펠로폰네소스 전쟁
  아테네가 스파르타에 패배하며 민주주의 쇠퇴

- 기원전 399 | 소크라테스 처형
  플라톤이 그리스 민주주의를 비판하는 계기가 됨

- 기원전 54~51 | 키케로, 《국가론》
  로마 공화정의 기틀 마련

- 1215 | 영국 존 왕, 마그나카르타 승인
  관습법의 성문화, 영국 헌법의 위상을 높임

- 1297 | 영국 중산층 하원 구성
  의회 정치의 기틀 마련

- 1453 | 비잔틴제국 멸망
  르네상스 시작, 인문주의 사상 발전

- 1513 | 마키아벨리, 《군주론》
  로마 공화정의 사상을 계승

- 15~16세기 | 영국 인클로저 운동
  신흥 지주들을 중심으로 젠트리 계층 형성

- 1517 | 마르틴 루터, 〈95개조 반박문〉
  가톨릭의 면죄부 매매에 항의, 종교개혁의 발단이 됨

- **1521** | **토마스 뮌처의 농민전쟁**
  노예제도, 고리대금과 중과세, 불평등 규제 철폐 주장

- **1534** | **헨리 8세의 수장령**
  영국 성공회가 로마 가톨릭에서 분리

- **1618~1648** | **30년전쟁**
  가톨릭 교권 약화, 근대 국가의 틀 완성

- **1628** | **영국 의회 권리청원 제출**
  찰스 1세의 왕권을 제한하고 인권 및 의회의 권한을 확장함

- **1640** | **영국 의회파의 청교도혁명**
  수평파의 급진적 개혁 시도

- **1645** | **수평파의 인민협정**
  보통선거권과 인구 비례 선거구 설치 주장

- **1648** | **베스트팔렌 조약**
  30년전쟁 종결, 국가 간 세력균형 및 절대주의 등장

- **1649** | **크롬웰의 공포정치**
  찰스 1세 참수, 수평파를 탄압하고 의회 해산

- **1651** | **홉스, 《리바이어던》**
  사회계약론과 자유주의 사상 탄생

- **1688** | **영국 명예혁명**
  권리장전 승인, 영국 입헌군주제 강화, 내각책임제 수립

- **1690** | **로크, 《통치론》**
  자유주의 사상 발전, 사유재산 강조

- **1748** | **몽테스키외, 《법의 정신》**
  권력분립의 필요성과 기준을 제시

- **1762** | **루소, 《사회계약론》**
  인민주권을 주장하며 자유와 평등을 강조

- **1776** | **미국 독립선언문 공포**
  개인의 자유를 인정하는 독립 정부 조직

- 1787 | **제임스 매디슨, 〈연방주의자 논문 제10호〉**
  미국의 연방주의와 삼권분립 주장

- 1789 | **프랑스혁명**
  부르주아 계급이 절대군주제 극복, 승리를 거둠

- 1792 | **프랑스 국민공회의 제1공화정**
  프랑스 자유주의 공화국 성립

- 1794 | **테르미도르의 반동**
  폭정을 펼치던 로베스피에르 처형

- 1799 | **프랑스, 나폴레옹이 쿠데타로 제1통령 즉위**
  총재정부 축출, 통령정부 수립

- 1804 | **나폴레옹에 의해 프랑스 제1제정 시작**
  인민투표 실시, 나폴레옹 법전 제정

- 1815 | **빈 체제 수립**
  절대왕정을 복원하려는 반민주적인 움직임 발생

- 1830 | **프랑스 7월혁명**
  루이 필리프 1세의 자유주의 입헌 왕정 수립

- 1833 | **오언의 전국 노동조합 대연합**
  산업혁명으로 피폐해진 영국에서 사회주의적 대안 모색

- 1847 | **독일 공산주의자 동맹 결성**
  노동자 계급 중심 정치 실현 시도

- 1848 | **프랑스 2월혁명**
  성인 남성만의 보통선거 실시, 나폴레옹 3세 당선, 제2공화정 수립
  마르크스와 엥겔스, 〈공산당 선언〉
  공산주의 사상의 체계 완성

- 1852 | **나폴레옹 3세에 의해 프랑스 제2제정 시작**
  국민투표로 즉위

- 1867 | **영국 도시 남성 참정권 획득**
  1884년 남성 농민으로 참정권 확대

- 1870 | **보불전쟁**
  나폴레옹 3세 폐위, 프랑스 제3공화국 선포

- 1871 | **독일 통일**
  파리코뮌, 노동자 계급의 사회주의적 인민 자치 정부 구성

- 1875 | **독일 사회주의노동당 창당**

독일 노동자 계급 정당 형성

- **1881~1884 | 영국 사회민주동맹과 페이비언 협회 결성**
  영국 사회주의 노동자 단체 형성

- **1887 | 조선 독립협회 창설**
  의회 정치 주장

- **1898 | 러시아 사회민주노동당 창당**
  러시아 사회주의 노동 정당 형성
  대한제국 중추원, 국왕 자문기관에서 입법기관으로 관제 개편
  국왕 추천 칙선의관과 민선의관으로 구성된 한국 최초의 의회적 기구

- **1900 | 영국 노동자대표위원회 설립**
  영국 노동자 계급 단체와 노동조합의 연합, 1906년 노동당으로 발전

- **1905 | 노동자 인터내셔널 프랑스 지부 설립**
  쥘 게드의 '프랑스의 사회당'과 장 조레스의 '프랑스 사회당' 통합, 1968년 사회당으로
  개칭

- **1907 | 대한제국 신민회 창설**
  공화정 주장

- **1914~1918 | 1차대전**
  종전 후 전시 효과로 민주주의가 발전했으나 후에 파시즘 파생

- **1917 | 러시아 사회주의 혁명**
  사회주의 공화국 수립

- **1918 | 독일혁명**
  견고하고 강력한 의회 정치 전개

- **1919 | 로자 룩셈부르크 등의 '스파르타쿠스단'의 난**
  독일 사회민주당의 의회 정치에 반발
  미국 윌슨 대통령 민족자결주의 제창
  모든 민족의 자치 권리 주장
  대한민국 임시정부 수립
  한성임시정부, 상하이임시정부, 노령임시정부 통합

- **1920 | 프랑스 공산당 창당**
  프랑스 공산주의 정당 설립

- **1921 | 이탈리아 공산당 창당**
  안토니오 그람시가 주도, 이탈리아 공산주의 정당 설립

- **1929 | 세계 대공황**
  전 세계에 경제적 타격, 민주주의 침체

- **1939~1945 | 2차대전**
  파시즘을 타도하고 사회주의 세력 견제

- **1945 | 조선건국준비위원회 설립**
  조선인민공화국 선포
  한국민주당 창당
  한국의 민주당의 기원

- **1948 | 남북한 단독 정부 수립**
  남북한 성인 남녀 보통선거권 획득

- **1950 | 한국전쟁**
  냉전 이후 최초의 국제전

- **1955 | 미국 로자 파크스 사건**
  흑인 민권운동 본격화

- **1956 | 소련의 헝가리 부다페스트 침공**
  자유주의를 억압한 사건, 신좌파를 탄생시킴

- **1959 | 피델 카스트로와 체 게바라의 쿠바혁명**
  미국 중심의 반공주의에 대항한 사회주의 혁명

- **1960 | 한국 4월혁명**
  부정선거에 반발하여 일어난 한국의 민주화 운동

- **1961 | 박정희의 쿠데타**
  공화국을 무너뜨리고 군사 정권을 수립함

- **1967 | 중동 6일전쟁**
  이스라엘의 승리로 팔레스타인 난민 급증

- **1968 | 프라하의 봄**
  체코 둡체크의 민주적 개혁이 소련 침공으로 실패
  68혁명
  프랑스 파리를 중심으로 혁명 발생, 독일·일본·미국 등으로 확산

- **1970 | 칠레 아옌데 대통령 당선**
  세계 최초로 선거를 통해 집권에 성공한 사회주의 정권, 1973년 피노체트 군부 쿠데타로
  붕괴

- **1972 | 미국 워터게이트 사건**
  미국 닉슨 대통령 사임
  박정희의 유신 선포
  민주주의를 무시하고 정권 연장 시도

- **1979 | 영국 대처 총리 취임**
  대처리즘을 통해 신자유주의를 펼침

YH 사건, 김영삼 의원직 제명, 부마사태, 박정희 피격 사망, 전두환의 12 · 12 쿠데타
한국 정치적 혼란기, 민주주의에 반하는 독재 정권 집권

- 1980 | **미국 레이건 대통령 당선**
  신자유주의 경제체제인 레이거노믹스 전개
  한국 광주항쟁
  전두환 정권에 반발한 시민의 민주화 운동

- 1986 | **필리핀 마르코스 대통령 사퇴**
  독재 청산 후 민주화 시작

- 1987 | **한국 6월항쟁**
  9차 개헌으로 대통령 직선제 부활
  7, 8월 노동자 대투쟁
  노동자들의 전국적 파업 투쟁
  대만 계엄령 해제
  1949년에 국민당 정부가 발포했던 계엄령이 38년 만에 해제됨

- 1989 | **중국 천안문사태**
  학생, 지식인, 노동자 등의 민주화 시위를 중국 정부가 무력 진압
  소련 최초의 다당제 선거 실시
  소련의 공산당 일당 체제 붕괴

- 1990 | **한국 전국노동조합위원회 결성**
  1987년 민주화 운동의 여파로 설립된 노동조합의 연합
  독일 통일
  독일연방공화국(서독)의 독일민주공화국(동독) 흡수 통일

- 1991 | **한국 5월투쟁**
  분신焚身 정국 이후 민주주의의 보수화 시작
  소련, 러시아연방과 독립국가연합CIS으로 분리
  소비에트 사회주의 체제 붕괴

- 1994 | **남아프리카공화국 넬슨 만델라 대통령 당선**
  인종차별 제도적 종식
  멕시코 사파티스타민족해방군 운동 시작
  전 세계에 반反신자유주의 운동 확산

- 1996 | **한국, 신한국당 단독 노동법 개정 파문, 노동자 대투쟁**
  여야 정권 교체 및 노동운동 부활의 계기 마련
  대만 최초로 대통령 직선제 실시
  대만 민주화의 제도화

- 1997 | **한국 새정치국민회의 후보 김대중 대통령 당선**
  선거에 의한 최초의 여야 정권 교체
  한국 포함 아시아 외환 위기(IMF 금융 위기)
  아시아 지역 신자유주의 체제 확산

- **2000** | **1차 남북한 정상회담(김대중−김정일)**
  6·15 공동선언 채택으로 한반도 평화 프로세스 진전

- **2001** | **미국 뉴욕 대폭발테러사건(9·11 테러) 발생**
  탈냉전 이후 새로운 국제 안보 체제 확립

- **2002** | **한국, 미군 범죄 관련 촛불 집회**
  대중 중심의 새로운 시위 문화 발전
  브라질 노동자당의 룰라 다 실바 대통령 당선
  브라질 경제민주화 추진

- **2004** | **한국, 노무현 대통령에 대한 국회의 탄핵소추권 가결 (5월 14일 헌법재판소 기각)**
  의회 내 정당 간 대립 악화, 정당정치의 위기 확산
  민주노동당(2000년 창당) 17대 국회 10석 확보
  진보 정당 최초의 국회 진출

- **2007** | **2차 남북한 정상회담(노무현−김정일)**
  남북 관계 발전과 평화 번영을 위한 선언 채택
  한국 새누리당 후보 이명박 대통령 당선
  2차 여야 수평적 정권 교체

- **2008** | **한국, 미국산 쇠고기 수입 위생 검역 관련 촛불 집회**
  의회 정치의 한계와 소통 민주주의의 중요성이 드러남

- **2010** | **튀니지, 청년 분신 자살 계기로 민주화 시위 폭발**
  중동 지역 민주화 시위 확산(재스민 혁명)

- **2011** | **미국 월가 시위(Occupy Wall Street)**
  투기 자본으로 초래된 금융 위기에 대한 중산층 시위

Vita Activa

'비타 악티바'는 '실천하는 삶'이라는 뜻의 라틴어입니다. 사회의 역사와 조응해온 개념의 역사를 살펴봄으로써 우리의 주체적인 삶과 실천의 방향을 모색하고자 합니다.

비타 악티바 29
민주주의

초판 1쇄 발행   2014년 2월 28일
초판 4쇄 발행   2024년 11월 15일

지은이   이승원

펴낸이   김준성
펴낸곳   책세상
등록   1975년 5월 21일 제2017-000226호
주소   서울시 마포구 동교로23길 27, 3층 (03992)
전화   02-704-1251
팩스   02-719-1258
이메일   editor@chaeksesang.com
광고·제휴 문의   creator@chaeksesang.com
홈페이지   chaeksesang.com
페이스북   /chaeksesang   **트위터**   @chaeksesang
인스타그램   @chaeksesang   **네이버포스트**   bkworldpub

ISBN   978-89-7013-865-7 04300
        978-89-7013-700-1 (세트)

ⓒ 이승원, 2014